EDUCAÇÃO & ATUALIDADE BRASILEIRA

EDITORA AFILIADA

Dados Internacionais de Catalogação na Publicação (CIP)
(Câmara Brasileira do Livro, SP, Brasil)

Freire, Paulo, 1921-1997.
    Educação e atualidade brasileira / Paulo Freire ; prefácio Fundadores do Instituto Paulo Freire ; organização José Eustáquio Romão ; depoimentos Paulo Rosas, Cristina Helniger Freire. — 3. ed. — São Paulo : Cortez ; Instituto Paulo Freire, 2003.

    ISBN 978-85-249-0827-9

    1. Educação - Brasil 2. Freire, Paulo, 1921-1997. I. Fundadores do Instituto Paulo Freire. II. Romão, José Eustáquio. III. Rosas, Paulo. IV. Freire, Cristina Helniger. V. Título.

01-6383   CDD-370.981

Índices para catálogo sistemático:

1. Brasil : Educação 370.981
2. Brasil : Sistema educacional 370.981

Paulo REGLUS NEVES Freire

EDUCAÇÃO & ATUALIDADE BRASILEIRA

Prefácio
Fundadores do Instituto Paulo Freire

Organização e Contextualização
José Eustáquio Romão

Depoimentos
Paulo Rosas
Cristina Heiniger Freire

3ª edição
2ª reimpressão

EDUCAÇÃO E ATUALIDADE BRASILEIRA
Paulo Freire

Capa: Rogério Batista sobre fotografia de Nina Mello, do arquivo "Tribuna de Minas".
Preparação de originais: Ana Maria Barbosa
Revisão: Maria de Lourdes de Almeida
Composição: Linea Editora Ltda.
Coordenação editorial: Danilo A. Q. Morales

Nenhuma parte desta obra pode ser reproduzida ou duplicada sem autorização expressa do espólio e dos editores.

© 2001 by Autor (espólio)

Direitos para esta edição
CORTEZ EDITORA
Rua Monte Alegre, 1074 — Perdizes
05014-001 — São Paulo — SP
Tel.: (11) 3864-0111 Fax: (11) 3864-4290
E-mail: cortez@cortezeditora.com.br
www.cortezeditora.com.br

INSTITUTO PAULO FREIRE
Rua Cerro Corá, 550 — Cj. 22 — 2º andar
05061-100 — São Paulo — SP — Brasil
Tel.: (55-11) 3021-5536 Fax: (55-11) 3021-5589
E-mail: ipf@paulofreire.org
Home page: www.paulofreire.org

Impresso no Brasil — setembro de 2019

"Como, porém, aprender a discutir e a debater numa escola que não nos habitua a discutir, porque impõe? Ditamos ideias. Não trocamos ideias. Discursamos aulas. Não debatemos ou discutimos temas. Trabalhamos sobre o educando. Não trabalhamos com ele. Impomo-lhe uma ordem a que ele não se ajusta concordante ou discordantemente, mas se acomoda. Não lhe ensinamos a pensar, porque recebendo as fórmulas que lhe damos, simplesmente as 'guarda'. Não as incorpora, porque a incorporação é o resultado da busca de algo, que exige, de quem o tenta, o esforço de realização e de procura. Exige reinvenção."

Paulo Freire, *Educação e atualidade brasileira*.

Sumário

Prefácio	IX
Contextualização: Paulo Freire e o Pacto Populista *José Eustáquio Romão*	XIII
Depoimento I — Recife — Cultura e Participação (1950-64) *Paulo Rosas*	XLIX
Depoimento II — Convivência com meus Pais *Cristina Heiniger Freire*	LXXVII
Educação e Atualidade Brasileira *Paulo Freire*	1
Introdução	9
Capítulo I	25
Capítulo II	59
Capítulo III	79
Conclusões	113
Anexo I	115
Anexo II	117
Referências bibliográficas	119

Prefácio

Sempre que instado a publicar, por uma editora, seu primeiro trabalho escrito de maior fôlego, Paulo Freire relutava um pouco, argumentando sobre a necessidade de sua contextualização.[1] Esta hesitação, com relativa dose de resistência, revelava, certamente, a preocupação, cada vez mais dialética, quanto a dar ao lume um trabalho produzido em um contexto já distanciado da maioria dos leitores de hoje. Por outro lado, não deixava de admitir a necessidade de sua publicação e maior divulgação do que a que houve com a primeira modesta edição pessoal, pois a obra contém discussões com autores importantes e já esquecidos, quer seja na historiografia brasileira, quer seja na estrangeira, além de conter os eixos, as tendências estruturais de suas obras posteriores. Portanto, seus cuidados com a possível publicação não significava relegar *Educação e atualidade brasileira*, nem, muito menos, o desejo de que esquecêssemos seus primeiros escritos. Significava apenas a preocupação de quem sempre teve, ainda que sem o ficar proclamando, o primado epistemológico da Razão Dialética.

Paulo, no conjunto de sua obra, sempre revelou o quanto era cuidadoso com isso. Aliás, passou a vida reescrevendo o "mesmo livro", sempre atualizando-o. E se esta inquietação perpassou a produção de cada texto freiriano,[2] a edição do trabalho *Educação e atualidade brasileira*,

---

1. Uma edição do autor, certamente limitada aos objetivos do trabalho — "Tese de concurso para a cadeira de História e Filosofia da Educação na Escola de Belas-Artes de Pernambuco" — foi feita em 1959, em Recife, na qual nos baseamos para a atual edição.

2. Romão demonstrou no artigo "Eterna demanda do reencontro", *in* Gadotti (1996, p. 246-8).

escrito em 1959, como "Tese de concurso para a cadeira de História e Filosofia da Educação na Escola de Belas-Artes de Pernambuco", não escapou da rigorosidade do autor da *Pedagogia do oprimido*.

Já não tendo mais Paulo entre nós e entendendo que já era hora de publicar esse seu texto — em certo sentido até agora inédito para o grande público[3] — nós, do Instituto Paulo Freire, preparamos esta edição, tomando os devidos cuidados para atender às recomendações de seu autor.

Como era desejo de Paulo, entendemos que era necessária uma reconstituição histórica mais minuciosa do período — fins da década de 1950. Além disso, julgamos também que era preciso avançar mais na contextualização, tanto no sentido de recuperar a ambiência político-social do Brasil e, mais particularmente, do Nordeste,[4] como no de sentir a atmosfera familiar em que Paulo produziu o texto.

Assim, solicitamos um depoimento a um dos educadores dentre os que foram seus contemporâneos. A escolha recaiu sobre um nordestino, de Natal, que fora para Recife em 1951, tendo atuado, ainda na primeira metade da década de 1950, com Paulo Freire, no Serviço Social da Indústria (Sesi). Portanto, é o intelectual e militante que mais tempo comungou dos primeiros momentos da produção teórica e prática de Paulo Freire e ainda se encontra em atividade — professor Paulo Rosas —, que dirige uma importante instituição de estudos freirianos, em Recife e, no momento desta edição de *Educação e atualidade brasileira*, prepara um importante evento sobre Paulo Freire.[5] Entendemos que a riqueza de seu testemunho compensaria a ausência de outros depoimentos, certamente importantes, mas que estenderiam por demais esta edição.

Pedimos também aos filhos — testemunhos da época — que nos descrevessem, a partir de suas lembranças mais íntimas, o ambiente familiar em que Paulo redigiu sua "tese". Cristina, uma de suas filhas, que vive na Suíça, brindou-nos com um texto que poderíamos denominar "aconchegante", além de ter avançado no tempo de suas memórias um pouco mais e nos dado um depoimento humano, honesto e

---

3. Ele foi editado pessoalmente pelo autor, em Recife, em 1959, sem o apoio de uma editora que divulgasse mais amplamente o texto.

4. As atenções dos intelectuais e militantes, de todos os matizes políticos, voltavam-se para essa região do país, onde, supunha-se, ocorreria movimento semelhante à então recém-vitoriosa Revolução Cubana (v. Beisiegel, 1989, *passim*).

5. Seu "depoimento" encontra-se nesta edição.

dramático do impacto do golpe militar em 1964 e do exílio nos membros da família.

Finalmente, a partir de uma pesquisa exaustiva em fontes primárias e secundárias, um dos autores deste prefácio, com formação histórica mais sistemática, buscou reconstituir, criticamente, a época da denominada República Populista (1950-64) no Brasil para, neste cenário, situar a gênese das principais concepções, ideias e categorias que influenciaram Paulo Freire e por ele foram desenvolvidas em *Educação e atualidade brasileira*. Sem dúvida, estas formulações, somadas às estratégias construídas numa prática educativa incessante junto aos trabalhadores, constituíram um dos principais motores da mais ampla mobilização que já houve no Brasil, em prol de uma educação para as camadas populares, nos inícios dos anos 1960.

Além dessas contribuições, contamos com o trabalho minucioso e extremamente paciente de Lutgardes Freire, que compulsou as obras consultadas por seu pai e que constam da bibliografia da *Educação e atualidade brasileira*, no sentido de ali buscar anotações, comentários, trechos sublinhados. Este esforço de verdadeiro garimpador acabou por ser coroado de pleno êxito, na medida em que extensos e ricos comentários manuscritos foram se revelando nessas referências bibliográficas, que constituíram, à época, as fontes inspiradoras da configuração primeira do pensamento freiriano. O levantamento e a ordenação dos "comentários" de Paulo, anotados nas margens dos inúmeros livros que leu e consultou para escrever sua tese, constituiu fonte primária fundamental para a contextualização de *Educação e atualidade brasileira*, como era desejo de seu autor, no caso de sua publicação. Os diretores do Instituto Paulo Freire registram seu mais profundo agradecimento ao filho "caçula" de Paulo, que vem demonstrando, no seu trabalho incansável nesta instituição, que o legado do pai, mais do que uma causa de alegria e orgulho da família, é um patrimônio dos educadores libertários de todo o mundo.

Esta edição em língua portuguesa foi possível graças ao esforço de Cortez que, à frente da equipe da editora que leva seu nome, prontamente se dispôs a publicar o primeiro trabalho de Paulo Freire, demonstrando mais uma vez que a produção de um livro não se reduz à mera geração de um título para o mercado editorial, não se limita ao simples lançamento de mais um trabalho de um escritor consagrado e cujo sucesso editorial independe de sua qualidade, pois é antecipadamente garantido pelo nome de seu autor.

Com a mesma prontidão, também a Editora Siglo XXI, do México, interessou-se pela publicação da obra em espanhol, pois além de ter, até agora, editado todos os textos de Paulo Freire neste belo idioma, irmão da língua pátria de Paulo, da mesma forma reconheceu a importância da divulgação do texto fundante do pensamento freiriano.

Numa fértil iniciativa do povo mexicano, a Feira de Guadalajara tem se tornado um dos mais importantes certames do mercado editorial do mundo e, em 2001, gentilmente, presta uma homenagem ao Brasil e a seu educador maior. Aí, em novembro, deverão ser lançadas as duas edições — em português e em espanhol — dessa importante obra de Paulo Freire, que é *Educação e atualidade brasileira*. Não poderia haver oportunidade mais feliz do que essa, pois a possibilidade de consolidação da identidade cultural latino-americana e da libertação dos oprimidos de nosso subcontinente passa pelos esforços conjuntos de Brasil e México, seja pela tradição de resistência e luta de seus povos, seja pela expressão de suas culturas e, dentro delas, a vitalidade de suas formulações pedagógicas.

São Paulo, 2 de julho de 2001.
Carlos Alberto Torres
Francisco Gutierrez
José Eustáquio Romão
Moacir Gadotti
Walter Esteves Garcia
Fundadores e Diretores do Instituto Paulo Freire

Contextualização
PAULO FREIRE E O PACTO POPULISTA

José Eustáquio Romão

1. Preâmbulo

Foi no pós-guerra que se deu a gênese e a formação das fontes inspiradoras dos princípios, dos fundamentos e das categorias fundantes do pensamento de Paulo Freire. Fazer esta afirmação significa defender, primeiramente, a tese de que esse educador brasileiro trazia potencializados, em sua primeira elaboração sistemática — *Educação e atualidade brasileira*, "Tese de concurso para a cadeira de História e Filosofia da Educação na Escola de Belas-Artes de Pernambuco" (1959) —, os eixos e categorias que iriam perpassar toda sua obra. Mais uma vez, estamos ratificando a ideia de que Paulo sempre re-escreveu[6] o que havia escrito antes, numa incansável re-elaboração e re-escritura dialética da mesma

---

6. Usaremos todas as formas verbais com o "re" separado por hífen, sempre que nossa intenção for destacar a ênfase que Paulo Freire quis conferir a este sufixo, no sentido de que todos os seres humanos sempre sabem e podem algo e, por isso, quando aprendem uma nova ideia e adotam uma nova prática, na verdade estão re-elaborando uma ideia e uma prática de que já eram portadores. Daí a importância da partícula em seu pensamento e em suas estratégias de ação. De um lado, ela revela o princípio dialético de que toda nova realidade é gerada no seio da antiga. De outro, conota o fundamento de que todos os homens e mulheres são competentes em algo. Ninguém é nulo em tudo, bem como ninguém é competente em tudo e, por isso, todos são capazes de aprender e de ensinar.

obra, atualizando-a permanentemente, de acordo com os novos contextos em que procurava inserir-se de forma crítica. Em segundo lugar, significa também defender a tese de que, embora as fontes originais em que bebeu Paulo Freire tenham sido importantes para sua elaboração pessoal, foram logo ultrapassadas por sua criatividade gnosiológica e pela maneira original com que apreendia e aplicava extensivamente terminologias e conceitos elaborados por outrem. Além disso, a permanente atualização intelectual do autor de *Educação como prática da liberdade*[7] sempre fez com que ele rapidamente re-criasse teorias, concepções e categorias. As inovações freirianas não dizem respeito a conteúdos, mas à maneira de pensá-los. Em outras palavras, sua contribuição é mais no universo paradigmático — uma nova maneira de raciocinar e de ler a realidade — do que no campo das ideias inéditas. Contudo, as ideias já desenvolvidas e conhecidas ganham uma nova conotação, inédita, esclarecedora, sob sua pena.

Entretanto, "contextualizar" não pode se limitar à remissão de um texto a seu contexto específico de formulação, ao momento histórico-social de sua elaboração; exige ainda sua inserção no conjunto da obra do mesmo autor, por intermédio daquele saudável exercício epistemológico a que nos convida Lucien Goldmann:[8] "compreensão" e "explicação".

---

7. Compulsar os mais de 4 mil volumes da biblioteca de Paulo Freire, que se encontra no Instituto que leva seu nome (Rua Cerro Corá, 550, conj. 22 — Alto da Lapa, 05061-100, São Paulo, Brasil), constitui, além de uma verdadeira viagem pelo mundo das ideias, a confirmação de que Paulo, apesar de toda a sua simplicidade, era um estudioso, um pesquisador, um verdadeiro "intelectual superior", para usar uma expressão de Gramsci. Folheando-se os livros, revistas e documentos dos Arquivos Paulo Freire depara-se com uma série de anotações às margens dos textos, do próprio punho de Paulo, contendo reflexões, comentários críticos, remissões etc.

8. Sem dúvida, um dos maiores intelectuais deste século. Autor, dentre outros trabalhos, de *Épistémologie et philosophie politique* (1978), *Le dieu caché* (1959a), *Recherches dialectiques* (1959b), *Structures mentales et création culturelle* (1970). De seus livros editados em português, merecem destaque, *Dialéctica e ciências humanas* (1972/3), *Ciências humanas e filosofia* (1972), *Crítica e dogmatismo na cultura moderna* (1973) e *Sociologia do romance* (1967). Tendo se dedicado à sociologia da cultura, Lucien Goldmann bebeu, como Paulo Freire, da fonte da epistemologia genética, que teve sua maior expressão em Jean Piaget. Por isso mesmo, não é mera coincidência a insistência destes dois pensadores na questão do processo de conscientização. Na *Pedagogia do oprimido*, Paulo Freire chama a atenção para a importância da distinção que Goldmann faz entre os conceitos de "consciência real" e "consciência possível". Além disso, os temas geradores aproximam-se do que Goldmann chamou de "estruturas significativas" ocorrentes nas visões de mundo das classes sociais. Para uma leitura possível das convergências entre os dois pensadores, ver meu trabalho *Dialética da diferença* (Romão, 2000, p. 26 ss.).

A "compreensão" é a "dissecação" da obra em partes, para a análise interna, ou seja, para a verificação das relações das partes entre si e de cada uma com o todo. Deve ser seguida da "explicação", ou seja, de sua análise, a partir de sua inserção em conjuntos mais amplos que a tenham como parte constitutiva. Assim, primeiramente, deve ser inserida no conjunto da produção de seu autor. A possibilidade de esgotamento do entendimento de um texto — caso que nos interessa no momento — se constrói quando o "compreendemos", ou seja, percebemos suas partes constitutivas, as relações mútuas dessas partes e suas relações com o todo do texto. Nesta fase do processo de conhecimento, não buscamos referências fora do texto. Não interessa, por enquanto, saber quem é o autor, seus condicionamentos, a classe social a que ele pertence, sua visão de mundo, suas motivações para a elaboração do texto em causa etc. Aqui, o importante é esgotar o entendimento de todas as "dependências internas" do texto e respectivas relações, mútuas e com o todo.[9] Como a obra é isolada nesta fase da investigação e examinada na sua coerência interna — enquanto não contradição lógica — e na relação dos signos que a constituem entre si (sintaxe) e deles com seus referentes (semântica), podemos denominar esta análise de "compreensiva", "imanente", "lógica" ou "sintático-semântica".

A "explicação" já implica sair da obra, buscar referências fora do texto, ir aos contextos de sua elaboração e disseminação; implica verificar os conjuntos dos quais ele faz parte paradigmaticamente, ou seja, todos com os quais ele tem alguma relação de pertinência ou pertença. Quando "explicamos" uma obra, situamo-la em todos mais vastos que a compreendem como parte constitutiva. Como saímos do interior da obra e buscamos referências fora dela, nesta fase da análise, a explicação também pode ser denominada análise transcendente, sociológica ou pragmática.

Portanto, o conhecimento da *Pedagogia do oprimido* — obra máxima de Paulo Freire — ou de qualquer outro trabalho seu, não pode prescindir da análise de *Educação e atualidade brasileira* e de seus primeiros escritos. O que não significa querer ver nesta obra todas as categorias, concepções, valores e as posições políticas de Paulo. De outro lado, para se conhecer melhor *Educação e atualidade brasileira*, há que se examinar

---

9. A análise estruturalista faz isso muito bem e, mesmo para um dialético, não há problema em incorporar a metodologia, as técnicas e os procedimentos dessa corrente que, melhor do que qualquer outra, fez análise compreensiva de discursos escritos. O equívoco do estruturalismo está em considerar que a análise compreensiva é suficiente.

as demais obras de Paulo Freire e, para isso, remetemos o leitor para a bibliografia que poderia ser classificada como "freiriana" — da própria lavra de Paulo Freire, e a que poderíamos denominar "freirista" —, dos que estudaram a sua obra.

Portanto, reduzir as fontes freirianas aos pensadores que o influenciaram na escritura de sua primeiras produções e "metonimizar" o legado freiriano a *Educação e atualidade brasileira* é ingenuidade epistemológica e, no limite, má-fé.

É muito importante reconstruir o contexto em que se tornou possível a emergência dessas fontes, bem como o que potencializou as condições para que Paulo Freire nelas bebesse, re-esboçasse algumas e re-elaborasse outras, de um modo todo pessoal, genuinamente nordestino e singularmente brasileiro, formulando as categorias que iriam ganhar dimensão universal.

As criações originais da história da humanidade carregam consigo a dialética da criação pessoal e coletiva. Embora não tenha sentido uma "história do *se*" — "Se tivesse acontecido isto, como teria sido...?" "Se tivesse sido outra pessoa, como...?" —, é comum a indagação: "Se Paulo Freire não tivesse existido, outra pessoa teria formulado a 'pedagogia do oprimido' a partir dos elementos do contexto?" O sujeito da criação cultural seria coletivo, sem qualquer participação do sujeito individual?

Em última instância, o sujeito da criação cultural é coletivo. Contudo, é necessária a participação de uma pessoa que seja capaz de perceber os traços socialmente potencializados na realidade, dando-lhes uma expressão adequada e oportuna para o momento histórico específico. Em outras palavras, um Confúcio, um Siddhartha Gautama, um Aristóteles, um Tomás de Aquino, um Napoleão, um Marx — apenas para citar alguns dos grandes pensadores e reformadores da humanidade — foram possíveis enquanto grandes "criadores", na medida em que o estágio do processo civilizatório em que se encontraram e a correlação de forças históricas em que viveram os permitiu. Contudo, por outro lado, foi necessário que existissem pessoas com faculdades geniais e itinerários biográficos específicos, que as capacitaram para perceber as potencialidades transformadoras dos contextos em que viveram, realizando sínteses originais a partir de elaborações de outros, contemporâneos ou não, e, ao mesmo tempo, apreendendo as potencialidades perceptivas e elaborações coletivas difusas. Além disso, ninguém cria algo do nada, tampouco deixa de "carimbar" sua marca pessoal. Em outras palavras, ninguém é totalmente inédito. Toda e qualquer obra traz a marca pessoal de seu criador. Em toda obra convivem os elementos sociais com os libidinais.[10] A predominância de uns ou de outros determina a maior ou a menor significação e a perenidade da obra. Ou seja, cada obra traz em si a reprodução homóloga dos processos de estruturação social e, ao mesmo tempo, as marcas das biografias e das idiossincrasias pessoais de seus autores. Quando um autor consegue realizar uma síntese original de ideias e concepções adequada a seu tempo, isto é, quando logra elaborar uma totalidade interpretativa crítica de seu contexto, não pode ser rotulado de eclético. Ao contrário, mesmo que tenha combinado teorias diferentes ou até mesmo díspares numa síntese epistemologicamente superior, deve ser respeitado como um grande pensador, para não dizer um gênio de sua geração. As grandes sínteses não são totalmente dadas ou elaboradas por um sujeito individual. Na verdade, resultam das formulações de um sujeito transindividual, constituído, a um só tempo, pelo coletivo que as potencializaram e pelo indivíduo que as ordenou e exprimiu de maneira adequada e oportuna. Esta adequação e oportunidade são determinadas pelo contexto, inclusive quanto à forma (filosófica, científica, plástica, literária, pedagógica etc.).

Esta mais longa digressão teórica comprovar-se-á necessária, posteriormente, quando examinarmos as críticas ao pensamento freiriano, principalmente as que lhe atribuem "fragilidades" por ter absorvido conceitos díspares de outros intelectuais de seu tempo. É bom não esquecer que a originalíssima e exaustiva síntese crítica de Karl Marx sobre o capitalismo teve por base o pensamento dos socialistas utópicos, da filosofia idealista alemã e até dos economistas burgueses clássicos!

2. Cenário Internacional

O imediato pós-guerra foi envolvido pelo otimismo da paz e da vitória da democracia — afinal, as ditaduras nazifascistas do Eixo tinham sido derrotadas pelos Aliados.[11]

---

10. Tomamos a palavra "libidinal" aqui no sentido que lhe confere Lucien Goldmann (1972), especialmente no capítulo "O sujeito da criação cultural" (p. 75-97).

11. Nesse momento era conveniente fazer vista grossa à ditadura stalinista, pois os soviéticos haviam dado uma imensa colaboração à vitória aliada, derrotando os alemães numa das mais sangrentas frentes de batalha que, se ultrapassada, daria acesso aos nazistas aos poços de petróleo da Ucrânia.

Contudo, o horizonte logo se turvou ante o desenvolvimento de um antagonismo insuperável entre os Estados Unidos e a União das Repúblicas Socialistas Soviéticas (URSS), cada um com seu séquito de alinhados, configurando a guerra fria entre a cortina de ferro e a cortina de dólar. A bipolaridade política, então moldadora dos regimes nacionais[12] e do próprio concerto mundial, acabou por completar o processo de enfraquecimento por que vinha passando a chamada Europa ativa, desde o final da Primeira Guerra Mundial (1914-18). Essa reordenação das potências mundiais e a nova correlação de forças no planeta apontavam para uma guerra ideológica radical no interior das formações sociais e dos Estados nacionais, uma vez que cada superpotência procurava atrair para si todo e qualquer eventual simpatizante, todo e qualquer cooptável. A propaganda era a principal arma nessa guerra sem fronteiras, embora as superpotências estimulassem conflitos "quentes" localizados, uma vez que eles, além de potencializarem novos aliados, permitiam o escoamento da produção estocada dos complexos industriais militares. A exacerbação ideológica do período pode ser percebida na atitude dos Estados Unidos que, por exemplo, não hesitaram em ameaçar a solidariedade continental em nome do combate à penetração da influência socialista na América Latina e no Caribe:

> Em 1948, a criação da OEA, durante a realização da IX Conferência Interamericana, em Bogotá, coincide com o sensível declínio da política de boa vizinhança, inaugurada pelo presidente Roosevelt [...] O problema central reside no fato de que os EUA colocam como eixo principal de suas relações com a América Latina a defesa contra a infiltração comunista, o que resulta numa política de contemporização, quando não de incentivo direto, às ditaduras mais reacionárias: Somoza (Nicarágua), Odria (Colômbia), Trujilo (R. Dominicana), Baptista (Cuba) etc. (Odália, 1987, p. 359-60).

Uma onda de pessimismo já vinha varrendo a Europa desde o período entreguerras, atingindo boa parte do mundo e expressando-se, filosoficamente, no existencialismo. Foi Sören Kierkegaard o verdadeiro "iniciador da nova significação dada à ideia de existência: não mais sinônimo de ser, mas de subjetividade" (Lalande, 1993, p. 363-4, citando

---

12. A vitória do stalinismo sobre o trotskismo na URSS acabou por sepultar o "projeto internacionalista" dos comunistas, justificando a expansão do ideário e do regime socialista no interior dos Estados Nacionais.

J. Wahl de *Estudos kirkegaardianos*). Porém, suas maiores expressões filosóficas foram Heidegger, Karl Jaspers e Jean-Paul Sartre, ainda que os dois primeiros rejeitassem sua inclusão no universo dos pensadores existencialistas.

Como diz o autor do *Vocabulário técnico e científico da filosofia*:

> Conviria, pois, reservar o termo existencialismo para a filosofia de Sartre, de Merleau-Ponty e de Simone de Beauvoir que aceitam esta designação, e para a de Gabriel Marcel, já que ele aceitou frequentemente ser chamado "existencialista cristão" (Lalande, 1993).

É certamente em Jean-Paul Sartre que o existencialismo encontra sua expressão filosófica (*O ser e o nada*, 1943) e literária (romances, como *Idade da razão*; contos, como *O muro*; e peças de teatro, como *A náusea*). Como grandes expressões literárias do existencialismo, também não é possível esquecer Camus e, em certo sentido, Kafka. Estas manifestações do espírito humano, centradas no pessimismo, no absurdo e na morte, exprimem a ruptura em relação ao otimismo de uma sociedade burguesa que construiu e preservou, até a depressão do entreguerras, um novo gênero literário, o romance, e, nele, uma individualidade enfática: a do "herói demoníaco" de Lukács (s/d) ou do "herói problemático" de Goldmann (1967).

O existencialismo foi muito importante para a geração dos anos 1950 e 60 no Brasil e, dessa forma, acabou por insinuar-se no pensamento freiriano dos primeiros escritos. Mas é por intermédio de Gabriel Marcel que Paulo abebera-se dessa fonte. Posteriormente, ao falarmos das influências sofridas por ele, reconstituiremos as principais posições da democracia cristã, destacando, no pensamento católico, este filósofo "existencialista cristão", além de Jacques Maritain e Emmanuel Mounier, também muito presentes no quadro ideológico do pós-guerra e nas referências de Paulo Freire.

Toda uma geração fora sacrificada nas duas grandes guerras interimperialistas e não havia perspectiva de eliminar, definitivamente, a possibilidade de novos conflitos: a paz mundial se equilibrava sobre o tênue fio de um temor mútuo dos dois grandes, que acabaram por desencadear uma verdadeira corrida armamentista, além de permanecer no ar, como a espada da Dâmocles na cabeça da humanidade, a real ameaça de "esquentamento" da guerra fria, como demonstrava o conflito estalado na Coreia (1950).

Mesmo vitoriosas, porém fragilizadas, demográfica e economicamente, pela devastação dos combates — foram palco imediato das guerras mundiais — as nações europeias assistem à derrocada de seus impérios coloniais, formados a partir da segunda expansão neocolonial do século XIX, movimento do qual os conflitos interimperialistas foram sequelas históricas quase automáticas. Certamente por isso, o pessimismo e, no limite, o fatalismo das doutrinas do pós-guerra atingiram a Europa ativa mais do que qualquer outra formação social. E como a influência francesa era muito grande sobre a intelectualidade brasileira, não é de estranhar que ainda por um bom tempo as ideias do país gaulês fizessem sucesso entre nós.

No entanto, a norte-americanização do mundo ocidental já começara desde a entrada dos Estados Unidos na Primeira Guerra Mundial. Com a satelização do Brasil pelos Estados Unidos, especialmente a partir da Segunda Guerra, o alinhamento cultural foi, progressivamente, acompanhando o alinhamento político, e as formulações dos teóricos norte-americanos começaram a competir no mercado das ideias brasileiras. Veremos, mais à frente, como os intelectuais brasileiros da década de 1950 se tornaram tributários do pensamento norte-americano.[13] Por isso é fácil compreender também por que o pessimismo existencialista nos apanha apenas como "charme", uma vez que o otimismo do aliado maior em ascensão fala mais alto em termos de democracia burguesa.

Ao mesmo tempo, as esquerdas também se mostravam otimistas em relação ao projeto socialista institucionalizado na Rússia, em expansão para a Europa de Leste, num certo sentido, insinuando-se até mesmo na América Latina.

Nesse cenário de pós-guerra, uma outra concepção ideológica ganhou força, ainda que sob tendências diversas: a democracia cristã, decorrente das iniciativas papais do final do século XIX, especialmente de Leão XIII (1808-1903) que, retornando a Tomás de Aquino (1227?-74), revigora a escolástica e o tomismo.[14] A encíclica *Rerum Novarum* (15 de maio

---

13. É emblemático que, mesmo o neotomismo — típico do novo cristianismo engajado europeu — tenha chegado ao Brasil por intermédio de Jacques Maritain, um francês radicado nos Estados Unidos e que lecionava na Universidade Católica de Washington. Paulo Freire, como os intelectuais brasileiros da época, não esconde seu débito com as teorias pedagógicas de John Dewey, que chegaram ao Brasil principalmente por intermédio de Anísio Teixeira.

14. Não esquecendo que o "Doutor da Igreja" buscara cristianizar Aristóteles e, por isso, sua obra tem um amplo e forte componente secular e politológico.

de 1891) era o coroamento de um conjunto de cinco, nas quais o papado leonino explicitava a posição política da Igreja católica: *Immortale Dei* (1885), sobre a constituição cristã dos Estados; *Diuturnum illud* (1887), sobre a origem do poder; *Libertas praestantissimum* (1888), sobre a concepção católica de liberdade, e *Sapientiae christiane* (1890), sobre os deveres cívicos dos cristãos.

Os especialistas em história do catolicismo e das ideias políticas hesitam quanto à explicação do sucesso da democracia cristã:

> Mas a força eleitoral dos partidos democratas-cristãos é mais evidente do que a originalidade de sua doutrina; se nos limitamos à França, é surpreendente constatar que os dois pensadores católicos cuja influência é mais forte, Maritain e Mounier, têm um e outro — sobretudo o segundo — tomado distância da democracia cristã. Trata-se de saber se o sucesso da democracia cristã é outra coisa que uma simples adesão dos cristãos à prática democrática, e se corresponde a uma concepção especificamente cristã da política (Touchard, 1970, p. 835).[15]

Vejamos, porém, ainda que sumariamente, dados os limites desta contextualização, a contribuição política de Jacques Maritain e Emmanuel Mounier.[16]

Inspirando-se em Aristóteles e Santo Tomás de Aquino, Maritain desenvolve a teoria do Estado do Bem Comum, mas sempre afirmando a primazia do espiritual. Em *Humanisme intégral* (1936), obra que influencia sobremaneira a intelectualidade brasileira, especialmente por intermédio de Alceu Amoroso Lima (pseudônimo: Tristão de Ataíde), expõe os planos espiritual e temporal como inteiramente distintos, mas alerta o cristão para não os separar, em sua militância temporal. Em outros termos, sua ação na secular não deve deixar de ser guiada pelos princípios e fundamentos católicos, portanto, do plano espiritual.

> O cristão não dá sua alma ao mundo. Mas ele deve ir ao mundo, deve falar ao mundo, ele deve estar no mundo, no mais profundo do mundo: e eu não o digo somente para dar testemunho a Deus e à vida eterna; digo-o para que também tornar cristão seu trabalho de homem no mundo e para fazer

---

[15]. Tradução de José Eustáquio Romão.

[16]. Alertando, porém, que Mounier não figura nas referências bibliográficas de *Educação e atualidade brasileira*.

avançar a vida temporal até plagas de Deus (Maritain, 1936, *apud* Touchard, 1970, p. 837).[17]

Maritain recusa a concepção de soberania temporal, atribuindo-a somente a Deus, e desenvolve um conceito de democracia comunitária, além do mero respeito a normas constitucionais e ao jogo parlamentar. Para ele, o regime democrático é o respeito a cada pessoa humana. E, neste nível, também se situa Emmanuel Mounier (1905-50) com seu *personalismo*. Segundo Marcel Prélot (1970, p. 699), o termo "personalismo" foi criado por Charles Renouvier e corresponde a "toda doutrina que atribui às pessoas um lugar importante na realidade, ou que as tem, *a fortiori*, por única realidade" (Idem, p. 710).[18] Este politólogo classifica várias correntes dentro da doutrina: *personalismo clássico* (Lavelle e Senne), *personalismo existencialista* (Scheler, Buber, Gabriel Marcel, Berdiaeff e Nédoncelle), *personalismo tradicionalista* (G. Thibon e J. de Fabrègues) e *personalismo democrático* (J. Vialatoux e P. Archambault). Contudo, alcança sua grande expressão na obra de Mounier. Ele, que teve uma vida muito difícil — conheceu a censura e até a prisão — e que recusou as facilidades da sobrevivência, acabou dirigindo-se, naturalmente, a certo "progressismo" e, finalmente, ao marxismo. Contudo, como Sartre, procurou adaptar a doutrina do materialismo dialético à sua própria filosofia. "Meu evangelho", dirá Mounier, "é o evangelho dos pobres" (*apud* Touchard, 1970, p. 838). Ainda segundo Touchard, ao indivíduo ele opõe a pessoa, e ao Estado, a sociedade comunitária, denunciando o capitalismo (doença do dinheiro) e o socialismo (doença do Estado).

3. Cenário Nacional

Recuando-nos um pouco no tempo, para melhor situar o contexto brasileiro, voltemos aos anos 20 do século passado. Nesse período, até o golpe de 1964, o Brasil vive uma série de contradições, algumas das quais, de tão singulares, parecem bizarrices de um país tropical. Contudo, elas revelam, na verdade, o *locus* mais avançado da acumulação capitalista, numa clara demonstração de que este modo de produção apresenta uma

---

17. Tradução de José Eustáquio Romão.
18. Idem.

tendência estrutural para os regimes de força, apesar de suas tonitruantes proclamações democráticas, e de que sua vanguarda deslocara-se, sorrateira e lentamente, para os países da periferia. Assim, as contradições são tão agudas que o cotidiano de arbítrio e crueldade assemelha-se ao insólito de uma formação social bizarra.

Na década de 1920, explodiram mais explicitamente as crises decorrentes das divergências entre os segmentos que compunham o bloco no poder no Brasil, desde a instalação do Estado burguês no país, ao final do século XIX (Abolição da Escravatura, Proclamação da República e Constituição de 1891).[19] A identificação e o acompanhamento dessas crises na Primeira República (1889-1930) foram facilitados pelas chamadas eleições "competitivas", que se deram em 1910, 1922 e 1930, e que ocorriam sempre como repercussão, na superestrutura jurídico-política, dos desentendimentos ocorridos entre os segmentos de elite por força de conjunturas internacionais adversas ao processo de acumulação selvagem. Foram "competitivas" porque, nelas, diferentemente das demais, não se sabia com antecedência quem iria ser o presidente da República. E as aspas se justificam porque a "competição" não se dava entre as classes, mas no seio da classe dominante. As crises conjunturais da economia brasileira sempre foram o rebatimento de crises nos países dominantes, porque ela se baseava, fundamentalmente, na exportação de produtos primários não essenciais,[20] especialmente o café. Assim, nossas crises eram "importadas", pois nada mais eram do que geradas nas conjunturas externas e transferidas aos países de economia dependente, de acordo com a clássica explicação de Celso Furtado (1972). De fato, com uma oferta elástica e uma demanda inelástica, segundo Furtado, o café — principal sustentáculo da economia brasileira — só não gerava crises internas quando o Estado, controlado pelos cafeicultores, conseguia absorver os excedentes e estocá-los, via os mais variados mecanismos de privatização dos lucros e socialização dos prejuízos.[21]

É interessante observar que em todas as conjunturas de crise econômica e de eleições "competitivas", as forças armadas reapareceram na

---

19. Fatos emblemáticos, segundo Décio Saes (1985), que demonstram a reconversão burguesa do Estado Escravocrata Moderno Nacional Brasileiro.

20. Chegamos a ser apelidados de "país da sobremesa" (Lopez, 1997, p. 27), produtores que éramos de café, cacau e açúcar, de cuja exportação dependia nossa economia.

21. Um dos mecanismos mais usados era o recurso a empréstimos estrangeiros que, nas conjunturas de crise, ficavam prejudicados ou até mesmo impedidos.

política. Em 1910, foi eleito o marechal Hermes da Fonseca, sobrinho do primeiro governante republicano, o marechal Deodoro da Fonseca; em 1922, o tenentismo passa a ser a maior expressão política da crise, que também deixa-se entrever no fortalecimento das esquerdas (fundação do Partido Comunista) e na Semana de Arte Moderna (crise no sistema simbólico). Em 1930,[22] a acumulação dos problemas gerados pelas crises conjunturais e a crise estrutural e internacional do capitalismo acabaram criando uma conjuntura favorável a uma ruptura mais profunda entre as elites brasileiras, permitindo a liquidação da chamada República Velha, por meio de um golpe militar. Sua base social de sustentação fora a oligarquia agroexportadora, incapaz de formular um projeto nacional, pois, ainda que tenha realizado a Revolução Burguesa em sentido estrito, ou seja, tenha implantado e consolidado o Estado burguês no Brasil,[23] continuou "extrovertida", por força de suas articulações com segmentos dominantes no exterior do país.

Vargas liquida o domínio das oligarquias tradicionais, que desempenharam, até então, o papel hegemônico no bloco de poder; rearruma a nova correlação de forças entre os segmentos burgueses e inaugura um longo período de um governo aparentemente pessoal.[24]

De 1930 a 1934 desenvolve-se o governo provisório, no qual já surgem as primícias das políticas que irão caracterizar todo o período, diferenciando-o, profundamente, da Primeira República ou República Velha:

---

22. Uma primeira bizarrice pode ser aqui constatada: o governador de Minas Gerais, Olegário Maciel, envolvendo o Estado na conspiração de 1930, nomeou, em papel timbrado e "usando de atribuição conferida por lei [...] o Dr. Odilon Duarte para o logar de assistente civil do commando geral das forças em operações militares do movimento de reivindicação republicana" (texto do ato formal assinado em 10 de outubro de 1930). Na realidade, significava nomear oficialmente um de seus secretários para conspirar contra o governo da República.

23. Ver Saes (1985).

24. Que não deve ser entendido como um recuo de classes sociais, como interpretaram alguns historiadores. A não ser em períodos muito típicos e efêmeros, o Estado pôde desempenhar um papel de árbitro entre os conflitos de interesses das diversas classes sociais. No caso brasileiro, no período que vai de 1930 a 1945, não se pode falar em imposição de um "governo pessoal" por ausência de uma classe dirigente. Na verdade, Vargas construiu um projeto que interessava à burguesia brasileira, pois as políticas sociais implantadas estavam tanto na linha do autoritarismo típico do período entreguerras, como na do Estado de Bem-Estar elaborado e disseminado logo após as guerras interimperialistas, como fórmula burguesa para conter a expansão socialista. Quem ofereceu os melhores instrumentos analíticos para interpretar a questão da relação entre Estado autoritário e acumulação capitalista, portanto entre autoritarismo e domínio classista, foi Florestan Fernandes, com seu já clássico ensaio *A revolução burguesa no Brasil* (1976).

intervencionismo, nacionalismo econômico, planejamento estatal, processo de industrialização, urbanização acelerada, exacerbação da questão social, aparecimento de partidos de dimensões nacionais etc.

Escapa aos limites desta contextualização a análise de todos os processos desencadeados e desenvolvidos na Era Vargas, mas não há como fugir a alguns breves comentários sobre alguns deles, porque são importantes para se compreender as categorias ideológicas que vão balizar as formulações teóricas e as militâncias na chamada República Populista (1945-64).

Ao contrário do período anterior, no qual predominaram o liberalismo e o federalismo,[25] o governo Vargas vai se caracterizar por uma forte centralização e pelo intervencionismo estatal. Este se manifesta, por exemplo, no nível da produção, pelo planejamento e pela intervenção direta do Estado no sistema produtivo, por intermédio da constituição de autarquias e empresas estatais, e nas relações de produção, por meio da legislação trabalhista. Se de um lado a legislação social significava conquistas por parte do trabalho, por outro, favorecia o capital, pela expansão controlada e contida, dentro de determinados limites, dos direitos dos trabalhadores. Nesta área, como em outras, os governos de Getúlio Vargas exprimiram

> o caráter transitório do período histórico e do comportamento pragmático e adaptável de Vargas às circunstâncias, desde que favorecesse o projeto que tinha em vista: a modernização burguesa do Brasil. É sedutor, mas enganoso reduzir Getúlio aos rótulos de *herói* ou *vilão*, visto que são juízos de valor que, enfatizando suas responsabilidades pessoais nos acontecimentos, simultaneamente descontextualizam sua atuação histórica (Lopez, 1997, p. 46).

Outro processo desencadeado e desenvolvido na Era Vargas que nos interessa é o movimento de defesa do nacionalismo. É bom abrir parênteses aqui para lembrar que os traços, os processos e as categorias já prenunciadas no governo provisório amadureceram no governo constitucional de Vargas (1934-37), para se consolidarem, definitivamente, no

---

25. É claro que o federalismo brasileiro da República Velha, embora inspirado no norte-americano, com ele não pode ser comparado, na medida em que a descentralização aqui implantada, que substituiu o unitarismo do Império, favorecia apenas os grandes estados, especialmente Minas Gerais e São Paulo. Para dar um exemplo, os impostos de exportação — os mais importantes — eram arrecadados pelos estados exportadores.

período da ditadura, traduzida no eufemismo Estado Novo (1937-45),[26] sendo que o nacionalismo foi o mais importante deles. E o curioso é que ele se constituíra numa bandeira radicalizada dos regimes nazifascistas europeus e das ditaduras populistas latino-americanas, estando certamente desautorizado no período pós-guerra, com a derrota desses regimes autocráticos. Entretanto, no Brasil, ao contrário, o nacionalismo, desencadeado por Vargas e fortalecido durante a ditadura do Estado Novo, ganhou vitalidade maior após sua queda em 1945 e passou a ser considerado uma ferramenta gnosiológica fundamental e um poderoso instrumento de luta pela libertação brasileira.

> Da mesma forma que outros isebianos, em particular Vieira Pinto, conferiu ao nacionalismo virtudes desmesuradas: *verdade* do quadro histórico, "solução natural" para a libertação das nações oprimidas pelo imperialismo. Verdade que impunha a sua realização histórica. Ao ser simultaneamente *conhecimento verdadeiro* e *ação transformadora*, o nacionalismo — embora não fosse esta a compreensão de Sodré[27] — parecia fundir ciência e ideologia, tal como outros imaginaram. Ao se tornar *concreta*, esta "verdade" não poderia ter outro nome senão *Revolução*, como ilustres pensadores ocidentais sempre proclamaram (Moraes, 1998, p. 263).

O período que vai de 1945 a 1964 corresponde a um dos raros momentos de experiência democrática burguesa no Brasil, excetuando o hiato da administração do general Dutra (1946-50) que, mesmo tendo sido apoiado inicialmente no Pacto Populista, dele se afastou, acabando por tornar-se um governo autoritário, de tendências conservadoras.

Em 1950, Vargas volta ao poder pela via eleitoral, tendo que conviver com um Congresso nem sempre dócil a suas propostas, dificultando, portanto, a concretização de seu projeto populista. Caminha-se para o fortalecimento do Pacto Populista, já estabelecido para a eleição de Dutra, e metafórica e pragmaticamente configurado na aliança entre o Partido Trabalhista Brasileiro (PTB), de base sindicalista, e o Partido Social De-

---

26. Aqui aparece mais uma das bizarrices brasileiras: o golpe do Estado Novo foi um verdadeiro "autogolpe", uma vez que foi desfechado pelo próprio governante Getúlio Vargas, que anulou a Constituição de 1934, na institucionalidade da qual se elegera presidente.

27. Mais adiante trataremos minuciosamente do Instituto Superior de Estudos Brasileiros (Iseb) e das diferenças de posições de seus membros, os "isebianos", como são chamados no Brasil. O maior detalhamento da história e das ideias desenvolvidas pelo Iseb justifica-se nesta apresentação, por causa de sua profunda influência na concepção de *Educação e atualidade brasileira*.

mocrático (PSD), que não tem nada a ver com a social-democracia europeia, mas, ao contrário, significava a aglutinação de "novas elites formadas à sombra de Getúlio, especialmente a burocracia e os novos grupos rurais" (Lopez, 1997, p. 70). Esta aliança merece um comentário um pouco mais extenso, pois é no cenário político por ela construído que Paulo Freire escreverá sua primeira obra e desenvolverá as primeiras experiências de educação de adultos, a partir das quais construirá as concepções definitivas que o projetarão como cidadão do mundo.

O PTB foi o coroamento e a institucionalização de uma relação que se estabelecera, desde o governo provisório (1930-34), entre as administrações de Vargas e os sindicatos. No espectro partidário pós-1945, representava a sigla mais progressista, com a defesa intransigente do nacionalismo econômico e das leis sociais. Nele buscaram abrigo os militantes da esquerda cujas agremiações, apesar da "redemocratização", foram proibidas, como é o caso do Partido Comunista. Portanto, na verdade, o PTB representava uma verdadeira frente partidária, com tendências que iam do centro à extrema esquerda.

Já o PSD demonstraria na sua trajetória — e não podia ser diferente, se considerarmos o perfil ideológico dos segmentos que o compunham — sua tendência estrutural para a direita. Por isso, será um partido que se caracterizará pela ambiguidade e pela moderação, sem falar que sua obsessão pelo poder o tornava essencialmente fisiológico.[28]

Desta forma, a aliança entre os dois partidos constituiu o que foi denominado na historiografia brasileira por Pacto Populista, que consistiu num acordo tácito, costurado de cima para baixo, entre os trabalhadores e as novas elites, significando, na verdade, uma tentativa de construção de uma base social heterogênea de sustentação política para lideranças carismáticas inscritas no universo do projeto político burguês. O Pacto

> atraía o voto conservador, que via no PSD o elemento capaz de segurar o radicalismo do PTB; e também a massa trabalhadora urbana, que via no PTB o seu natural representante. [...] O acordo PTB/PSD inevitavelmente trouxe embutido, enquanto expressão partidária, a essência do populismo: reformismo com conciliação, mudança com acomodação, transformações com compromissos (Lopez, 1997, p. 70-1).

---

28. Lopez (1997, p. 70) prefere denominar "partido das conveniências". Parece-nos, porém, que as conveniências e o pragmatismo político são eufemismos para encobrir o fisiologismo que, na verdade, representam.

Os tênues liames entre interesses tão díspares quase se romperam em 1954, por ocasião do suicídio do Presidente Getúlio Vargas, e mesmo aí, antecipando o desfecho de sua tendência estrutural, o PSD aproximou-se da União Democrática Nacional (UDN) — agremiação partidária expressiva que também surgira no processo de redemocratização (imediato pós-guerra) e que aglutinava as classes e os segmentos de classes mais conservadores da sociedade brasileira. Quando, por exemplo, a UDN vociferava contra Vargas, conspirando abertamente para a renúncia do Presidente, instigando os militares e buscando apoio nos Estados Unidos,[29] o PSD apresentou, em suas iniciativas e atitudes, vários sintomas da tentação direitista. E só não rompeu o pacto em 1954 porque o suicídio de Vargas reverteu o *appeal* político da oposição udenista, sendo Carlos Lacerda e seus sequazes demonizados. Por este motivo se diz que o suicídio do Presidente adiou por dez anos o golpe preparado para ocorrer em 1954-55. Nessa época, várias foram as manobras da UDN, por exemplo, para eleger um governo de direita no lugar de Vargas, nas idas e vindas de sua sucessão em mais de um ano que faltava para concluir o mandato. O Brasil teve três presidentes interinos nesse período: João Café Filho, Carlos Luz e Nereu Ramos. Os dois primeiros, disfarçada ou ostensivamente, apoiaram a tese da UDN contra a posse de Juscelino, usando o descabido argumento de que ele não alcançara a maioria absoluta dos votos no pleito de 1955.

Foi necessário um "golpe preventivo", liderado pelo General Henrique Dufles Teixeira Lott, derrubando Café Filho — que quis voltar ao poder, depois de ter se afastado sob a alegação de problemas de saúde — e Carlos Luz, que foi obrigado a fugir, em companhia de Carlos Lacerda e outros golpistas. Portanto, o governo Juscelino Kubistchek de Oliveira (1956-61), popularmente conhecido como governo JK, já começara sua trajetória sob a ameaça de instabilidade institucional e política.

---

29. Buscando salvaguardar os interesses de seus capitalistas no Brasil, o governo norte-americano apoiava, ilegal e descaradamente, os ataques do deputado Carlos Lacerda — principal opositor do regime — alimentando uma campanha de difamação, carregada de anticomunismo. O nacionalismo de Vargas prejudicava os interesses do capital estrangeiro. Em 1945, sua destituição se dera em nome da vitória dos Aliados, portanto de seu "direitismo". Então, as pressões para sua saída buscavam legitimação numa suposta "esquerdização" de Vargas. No fundo, o apoio a ambas as campanhas tinha por finalidade defender a "satelitização" da América Latina à órbita do bloco norte-americano na guerra fria e proteger o capital norte-americano investido no Brasil, respectivamente. As agendas ocultas nem sempre são coerentes em suas críticas aos adversários...

A muito custo, usando de vários expedientes, o Presidente conseguiu reconstruir a estabilidade do Pacto Populista. Foi nesse período, seguindo a trilha já lançada por Vargas, que a teoria do desenvolvimentismo foi formulada, sendo associada à categoria do nacionalismo. O nacional-desenvolvimentismo, típico do governo JK, foi um instrumento importante na construção do frágil equilíbrio entre abertura do país ao capital estrangeiro e a preservação da emergência popular na arena política.[30]

Nessa época nasceu, efetivamente, o Instituto Superior de Estudos Brasileiros (Iseb) — embora tenha sido criado por um decreto do governo de João Café Filho, no dia 14 de julho de 1955 —, para o qual convergiram as teses mais importantes do nacional-desenvolvimentismo. Nele também se refletiram todas as tensões de um projeto de sociedade que carregava em seu seio contradições estruturais insuperáveis.

Tanto Lincoln de Abreu Penna (1999, p. 228) quanto Daniel Pécaut (1990, p. 107-8)[31] atribuem a origem do Iseb ao Grupo Itatiaia (1952) e a seu sucedâneo, o Instituto Brasileiro de Economia, Sociologia e Política (Ibesp), organizado como instituição privada, no ano seguinte. O primeiro nasceu das reuniões mensais que um grupo de intelectuais paulistas e cariocas realizaram nessa localidade do estado do Rio de Janeiro.[32] A curta vida do grupo se deveu, certamente, aos conflitos teóricos internos, pois ele se dividia em várias tendências. Dentre elas, as mais polêmicas foram as travadas entre os intelectuais independentes — alguns egressos do integralismo (Corbisier,[33] Reale e Almeida Salles) — e burocratas do governo Vargas (Rômulo Almeida, Ottolmy Strauch e Ignácio Rangel). Com a dissolução do Grupo Itatiaia, os cariocas criaram o Ibesp,[34] que

---

30. A precária estabilidade política do Pacto Populista teria alcançado seu ótimo momento no governo JK, segundo a tese central da obra de Benevides (1979).

31. Este inspirado na tese que Alzira Alves de Abreu defendeu, na Universidade René Descartes, em Paris, em 1975, sob o título "Nationalisme et action politique au Brésil: une étude sur l'Iseb".

32. Dentre os paulistas, destacaram-se Roland Corbisier, Miguel Reale, Almeida Salles e Paulo Edmar de Souza Queiroz; dos cariocas, merecem ênfase Hélio Jaguaribe, Rômulo Almeida, Ignácio Rangel. Além desses juristas e economistas, intelectuais como os sociólogos Guerreiro Ramos e Cândido Mendes de Almeida também participaram das discussões do grupo.

33. Não deve ser confundido com Charles Edouard Jeanneret, dito Le Corbusier, grande arquiteto que, inclusive, influenciou Oscar Niemeyer e Lúcio Costa na concepção de Brasília como cidade linear (v. FGV, 1986, p. 179-80).

34. Apenas um paulista dele participou: Roland Corbisier.

agregou mais tarde Nelson Werneck Sodré. Ambas as iniciativas concretizavam a intenção de

> um grupo intelectual [que se propunha] a assumir a liderança na política nacional... [a suscitar] o esclarecimento ideológico das forças progressistas — burguesia industrial, o proletariado e os setores técnicos da classe média — e a arregimentação política dessas forças, [autodefinindo-se como uma] vanguarda política capaz e bem organizada (Schwartzman, *apud* Pécaut, 1990, p. 108-9).[35]

Com a morte de Vargas, instalara-se uma verdadeira crise política e institucional que impediria, pensavam alguns, o desenvolvimento da pretensão desses intelectuais em interferir, por intermédio do aparelho de Estado, nos destinos do desenvolvimento da nação. De fato, o período foi muito confuso, e a tendência predominante era contrária às orientações do "varguismo" — mais convergente com a pretensão do grupo Grupo Itatiaia e do Ibesp. João Café Filho, do Partido Social Progressista (PSP) e vice-presidente da República, assumiu o governo federal, cercando-se de ministros da UDN, como Eugênio Gudin, que anulou as medidas restritivas de Vargas com a Instrução n. 113, da Superintendência da Moeda e do Crédito (Sumoc), facilitando o ingresso de capital estrangeiro no país.

Como resultado do pleito de 1955, foram eleitos Juscelino e João Goulart, pela coligação PTB/PSD, derrotando Juarez Távora (UDN), Adhemar de Barros (PSP) e Plínio Salgado, do Partido de Representação Popular (PRP). Após o fracasso da tentativa de impedimento da posse dos eleitos pela manobra da exigência da maioria absoluta de votos, Carlos Lacerda, o principal porta-voz da UDN e algoz do getulismo,[36] ainda tentou estabelecer uma relação ilegal entre o vice-presidente eleito e o justicialismo de Perón, por intermédio da falsa Carta Brandi.[37] Alegando motivos de saúde, Café Filho afastou-se do governo, sendo

---

35. Pécaut extraiu os trechos desta citação do prefácio que Simon Schwartzman redigira para a reedição de alguns artigos dos *Cadernos de Nosso Tempo*, uma publicação do Ibesp da qual saíram apenas cinco números.

36. Lembrar que Juscelino foi eleito na esteira política do legado de Vargas e João Goulart foi seu ministro do Trabalho, defenestrado por um "Memorial dos Coronéis", quando defendeu 100% de aumento do salário mínimo, no governo anterior.

37. Lacerda publicou uma carta, supostamente enviada pelo deputado argentino Antonio Jesús Brandi a Jango (apelido popular de João Goulart), na qual ficavam patentes as articulações do então ministro do Trabalho de Vargas com Perón, para deflagrar um movimento armado e implantar uma República Sindicalista no Brasil (Fausto, 1999, p. 420).

substituído pelo presidente da Câmara dos Deputados, Carlos Luz. Na presidência da República, Carlos Luz conspirou abertamente para o impedimento da posse de Juscelino, quando sofreu um "golpe preventivo", desfechado por Lott, que declarou a deposição de Café Filho e Carlos Luz, empossando o vice-presidente do Senado, Nereu Ramos, no cargo maior do país. Sob estado de sítio, Juscelino e Jango tomaram posse em 1956. Apesar de todo esse ambiente adverso, Café Filho assinara o decreto que criou o Instituto Superior de Estudos Brasileiros (Iseb), em 14 de julho de 1955, vinculando-o ao Ministério da Educação.

Os historiadores do Iseb distinguem três fases em sua trajetória histórica, visto que "conflitos no plano teórico e ideológico — que chegaram a provocar crises e dissenções internas — acompanharam toda a vida da instituição" (Toledo, 1998, p. 245). Em *Iseb: fábrica de ideologias* (1977), Toledo chega a questionar a existência de um "pensamento isebiano", tais as divergências, apesar do interesse comum em interferir no processo de desenvolvimento nacional a partir da mobilização de suas classes mais dinâmicas. Assim, mesmo que a negação de uma identidade conceptual isebiana pareça exagero, as divergências realmente marcaram a vida da instituição, que passou pelas seguintes fases:

1ª) Estende-se de sua criação até 1958. Contou com o apoio incondicional do ministro da Educação e Cultura, Cândido Motta Filho, que designou Roland Corbisier para dirigi-lo, ainda que o membro mais ativo e mais dinamizador da instituição tenha sido Hélio Jaguaribe. Nessa época foram criados vários departamentos, coordenados por intelectuais que marcariam profundamente as ideias e as iniciativas políticas do período: o Departamento de Filosofia ficou com Álvaro Vieira Pinto, o de História com Cândido Mendes, o de Economia com Ewaldo Correia Lima, o de Sociologia com Alberto Guerreiro Ramos, e o de Ciências Políticas com Hélio Jaguaribe. Além dos departamentos, foi constituído o Conselho de Tutela, no qual figuravam, dentre outros: Anísio Teixeira, grande expoente da educação e um dos principais líderes do movimento da Escola Nova; Nélson Werneck Sodré, militar nacionalista do grupo do general Newton Estillac Leal, e Roberto Campos,[38] que viria a ser presidente do Banco Nacional do Desenvolvimento Econômico (BNDE) no governo JK e ministro importante da área econômica na época dos governos militares.

---

38. Roberto Campos exerceu papel secundário no Iseb, tendo dele se desligado em 1958, por suas posições antinacionalistas, recebendo, inclusive, acusações de entreguismo.

2ª) Em 1958, o Iseb teve seus estatutos modificados, em virtude da discussão sobre a predominância do unitarismo ou do pluralismo teórico na instituição. Pela diferença de um voto (o de Sodré), prevaleceu o segundo, estabelecendo-se ainda maiores poderes para o diretor (Roland Corbisier). O Conselho de Tutela foi substituído pelo Conselho de Professores. Vários membros então se demitiram do Instituto, dentre eles Jaguaribe, Roberto Campos, Ewaldo Correia Lima, Anísio Teixeira — os que mais se aproximavam da política governamental. Guerreiro Ramos também se afastou. Nessa etapa, a entidade se torna mais progressista, promovendo cursos para sindicalistas militares nacionalistas e estudantes, recebendo, evidentemente, os ataques da sanha anticomunista da direita brasileira.

3ª) O ministro da Educação designa Álvaro Vieira Pinto para a direção da instituição, e o Iseb assume um caráter explicitamente político, identificando-se com a esquerda. Participa da mobilização popular pelas "reformas de base" do governo João Goulart; escreve alguns dos *Cadernos do Povo*, publicados pela Editora Civilização Brasileira, e influencia os Centros Populares de Cultura (CPCs). Nessa fase, atraiu vários professores e intelectuais do PCB para seus quadros e atividades, sendo, por isso, fechado uma semana depois do golpe militar de 1964.

Segundo um de seus historiadores, "o Iseb começou pelo nacional-desenvolvimentismo [...], continuou com o nacionalismo populista e terminou no nacionalismo marxista" (Pécaut, 1990, p. 114).

As mutações que se pode perceber ao longo da história da instituição refletem não só a hegemonia de determinada tendência no seu interior, mas também o grau de articulação dessa tendência com o governo. Contudo, o caráter "chapa-branca" do Iseb, até mesmo quando articulado com uma administração considerada conservadora, não impediu que fosse considerado um espaço importante para a atuação das esquerdas brasileiras quando o populismo também se aproximava mais de uma posição esquerdizante. Ele é um exemplo notável, na história da sociedade ocidental, da relação tensa que se estabelece sempre entre o intelectual e o poder. Não é à toa que figure como capítulo importante, quer seja nas historiografias ditas progressistas,[39] quer seja nas consideradas mais conservadoras.

---

39. Aparece, com destaque, em *História do marxismo no Brasil* (Moraes, 1998, p. 245 ss.).

Ao final do governo Juscelino, finalmente a UDN lograva chegar ao poder, porém de maneira enviesada. Escolhera para candidato um líder carismático, com carreira política em São Paulo, apesar de sua origem mato-grossense, Jânio da Silva Quadros. Eleito por expressiva maioria de votos em 1961, Jânio muito cedo demonstraria, no governo federal, que não se dobraria às orientações da direita udenista. Aliás, um dos grandes representantes dessa agremiação partidária, em tom de blague, mas com muita propriedade, afirmou que "Jânio era a UDN de porre". Referia-se às bebedeiras do presidente, mas, em sentido metafórico e sem o querer, Afonso Arinos de Mello Franco, autor da frase, acabou profetizando o final ridículo da União Democrática Nacional. Afinal, suas lideranças, que se comprometeram com o golpe de 1964, acreditando que os militares lhes dariam o poder logo após o "afastamento do perigo subversivo esquerdista", enganaram-se redondamente. O próprio Carlos Lacerda teria seus direitos políticos cassados, mais tarde, pelo regime militar.

Como todos sabemos, Jânio tentou repetir o autogolpe de Getúlio,[40] mas não deu certo: renunciou, antes de sete meses de governo, na expectativa de ser chamado de volta, com poderes excepcionais.

O vice-presidente da República — novamente João Goulart — encontrava-se na China e foi pressionado a não retornar ao país para assumir o governo. "Para se evitar a guerra civil", diz a maioria de nossos historiadores, a saída foi a adoção do parlamentarismo, introduzido no país pelo Ato Adicional — emenda à Constituição que determinava o presidencialismo. Em outros termos, o presidente João Goulart reinaria, mas não governaria, pois o governo ficaria a cargo de um conselho de ministros ou, mais especificamente, de um primeiro-ministro. Este arremedo de parlamentarismo foi tolerado por Jango, pois o Ato Adicional previa um plebiscito, em 1963, no qual seria confirmada ou não a nova forma de governo do Brasil. As dificuldades institucionais do período e a crise que continuava grassando na economia e nas relações sociais acabou favorecendo a pregação "janguista" contrária ao Ato Adicional: em 3 de fevereiro de 1963 o presidencialismo era restaurado e o varguista João Goulart recuperava plenos poderes. É durante essa fase de seu governo que são lançadas as reformas de base, acelerando a esgarçadura do Pacto Populista, que sobrevivera em 1954 por causa do suicídio de

---

40. Inclusive a carta de renúncia é uma paráfrase, também ridícula, da carta-testamento de Getúlio Vargas.

Vargas e, em 1961, pela adoção do parlamentarismo biônico. É nessa fase do governo João Goulart que ocorre a grande mobilização popular, em defesa das reformas de base e, no caso específico da educação, são desencadeadas as campanhas maciças de alfabetização e educação de base, que adotaram o então denominado Método Paulo Freire, tornando o educador pernambucano conhecido em todo o Brasil. Mas este Paulo Freire já é posterior ao criador de *Educação e atualidade brasileira*, como demonstraremos a seguir, ainda que esta obra já contivesse as linhas mestras de suas propostas e estratégias.

4. Fontes, Estrutura e Ideias

Antes de mais nada é necessário destacar que um estudo exaustivo e praticamente definitivo sobre as referências e a elaboração pessoal de Paulo Freire em *Educação e atualidade brasileira* já foi feito por Celso Beisiegel (1989). Quem quiser examinar os detalhes do que Paulo extraiu de cada um dos filósofos, sociólogos, economistas, psicólogos etc., brasileiros ou não, e de como ele realizou suas sínteses, delas derivando suas próprias formulações, tem o trabalho de Beisiegel como leitura obrigatória.

Nessa contextualização, para atender ao desejo de Paulo — que conhecia bem a obra de seu amigo Beisiegel, mas mesmo assim insistia na contextualização — procuramos ressaltar os elementos do contexto histórico mais geral, do que, propriamente, do contexto intelectual, tão bem reconstituído por esse primeiro estudioso de Paulo Freire. Assim, neste item da contextualização, não iremos tratar de forma exustiva das fontes, nem de todos conceitos e categorias que Paulo Freire, a partir da aproximação de cada autor que escolheu como referência, desenvolveu em *Educação e atualidade brasileira* e nas demais obras do conjunto de sua lavra. Destacaremos mais temas e reflexões que fazem desse primeiro livro uma obra importante, não apenas como curiosidade histórica, mas como um livro que continua atual, quer seja por seu testemunho crítico de uma época importante da história recente do Brasil, quer seja pelas ainda, infelizmente, pertinentes observações a respeito da realidade assistencialista, autoritária e paternalista de nossas relações sociais e da educação "inautêntica" e "inorgânica" que ainda predomina em nosso sistema educacional "bancário", como o próprio Paulo afirmará mais tarde. Entretanto, felizmente também, continuam atuais as proposições do Paulo Freire desse texto fundador de uma nova corrente no pensamento educacional brasileiro e, por que não dizer, na história geral das ideias pedagógicas.

Como esclarecemos, *Educação e atualidade brasileira* é um trabalho escrito em 1959. Na "introdução", Paulo Freire já adianta os conceitos que vai trabalhar, alguns dos quais permanecerão no quadro de suas preocupações ao longo de toda sua vida. Nos dois primeiros capítulos, ele se propõe a reconstruir criticamente o contexto brasileiro da época — a "atualidade" mencionada no título da obra — a partir das referências e análises que vai buscar nos intelectuais brasileiros vinculados ao Iseb. No terceiro e último capítulo,[41] ele se concentra na estrutura da educação brasileira, "inautêntica" e "inorgânica", no sentido da construção da consciência crítica, da transformação da massa em povo. Paulo apresenta, no texto, sem cair nos exageros do voluntarismo isebiano, uma relativa crença na fase de transição pela qual passava o Brasil de então; reconhecia mesmo que o momento se apresentava como uma oportunidade histórica para a construção de uma sociedade desenvolvida, mais livre e mais justa. No entanto, revela simultaneamente certa desconfiança, demonstrando ter consciência dos limites políticos do populismo, porque via na massificação própria do regime um recuo em relação à transitividade conquistada pelos processos estruturais da economia e da urbanização. Não é aí que está sua discordância explicitada em relação aos isebianos: possibilidade de "involução" para a "consciência transitiva ingênua"? Certamente é daí também que derivaria sua opção pela pedagogia — mesmo não sendo pedagogo de formação — como instrumento de luta pela libertação dos oprimidos.

Na "Introdução", ele adianta sua concepção de homem, como ser de relações, aberto, transitivo. E quando pensamos que está tratando de uma mera abstração, ele recupera a dimensão da historicidade e, dialeticamente, explicita-o como potencial sujeito (condicionado) de sua própria história:

> A posição que ocupa na sua "circunstância" é uma posição dinâmica. Trava relações com ambas as faces de seu mundo — a natural [...] e a cultural

---

41. As "conclusões" não ocupam mais do que uma página e meia; o "Anexo I" é uma notícia sobre os resultados de uma experiência em unidades pedagógicas na Zona Paroquial de Casa Amarela, em Recife, que ele citara no texto, e o "Anexo II" é apenas um diagrama construído por ele, relacionando os tipos (graus) de consciência.

[...] No jogo de suas relações com esses mundos ele se deixa marcar, enquanto marca igualmente (*EAB*, p. 8).[42]

Há posições débeis e ingenuidades em seus primeiros escritos, como o próprio Paulo Freire reconheceria mais tarde, numa entrevista concedida em 1972. Contudo, ele não deixa relativizar esta afirmação:

> O que sucedeu foi que tive sempre uma postura dialética. Mas, ao procurar teorizar a prática, tive momentos de ingenuidade na teoria que tentei fazer de minha prática. Pelo fato de minha prática ter sido sempre uma prática dialética, real e concreta, havia a possibilidade de superar os momentos ingênuos (*Apud* Beisiegel, 2001, p. 2).

As fragilidades teóricas e epistemológicas de *Educação e atualidade brasileira* não se constituem pelo ecletismo, nem, muito menos, porque Paulo Freire teria usado categorias de pensadores isebianos ou católicos, como quiseram alguns de seus críticos de esquerda, mas pelos próprios condicionamentos histórico-sociais de Paulo. Contudo, tais fragilidades são as de todo e qualquer pensador, de todo e qualquer autor, por mais genial que seja. E seu julgamento posterior, sem a consideração do contexto específico, é que se constitui numa verdadeira fragilidade científica, própria dos anacronismos típicos da ortodoxia e dos fundamentalismos epistemológicos.[43]

O instrumento metodológico "leitura crítica da realidade", de que sempre se muniu, e a realidade concreta sempre precedendo sua própria elaboração e expressão conceptual fazem de Paulo um dialético, mesmo que ele não o confessasse explicitamente ou nem mesmo tivesse consciência de sua inserção nessa corrente epistemológica.

Deixemos ao próprio Paulo a defesa em relação a essa crítica marcada de anacronismo:

> Ocorreu comigo uma longa e lenta evolução. Apesar disso é superficial criticar meu trabalho denunciando os elementos idealistas de meus livros

---

42. As citações de *Educação e atualidade brasileira* da edição realizada pelo próprio autor serão referenciadas pela sigla *EAB*, seguidas da página de onde foram respectivamente extraídas.

43. Quando Paulo condicionava a publicação de *Educação e atualidade brasileira* a uma contextualização do trabalho, não demonstrava temer críticas às ingenuidades ali registradas, mas porque continuava tendo a dimensão da historicidade como ferramenta básica para a análise de qualquer fenômeno humano. Toda obra, todo livro é livro datado, porque produto humano, gerado em determinadas circunstâncias histórico-sociais.

sem considerar este a partir da linguagem do povo, dos valores do povo, de sua concepção de mundo. É necessário percebê-lo como um elemento prenunciador de minha nova posição.[44]

Uma marca "ingênua" típica dos pensadores brasileiros da época foi o otimismo democrático. Esta "ingenuidade" era resultante da não percepção da contradição estrutural do Pacto Populista, na medida em que, para funcionar, o populismo necessitava da emergência do povo na arena política — ainda que como "parceiro-fantasma",[45] ou como massa de manobra. Ora, quanto mais avançava esta emergência, mais se ameaçava a própria sobrevivência do populismo. Quanto mais o povo participa, mais o populismo caminha para sua superação, pois sua essência se constrói na simulação da participação e seu limite estrutural é o bloqueio à verdadeira socialização do processo decisório. Aos poucos, as iniciativas começam a escapar do controle dos líderes populistas. Por outro lado, se ele não consegue constituir a massa como base social de sustentação política, mais rapidamente é eliminado pela oposição conservadora. Dizendo de uma maneira mais simples, se o populismo não funciona, seus adversários o aniquilam; se funciona, cava a própria sepultura, pela superação dos limites por ele propostos, na medida em que a massa emersa na arena política tende a se transformar em povo e em sujeito de sua própria história. "Tende a se transformar"; não dissemos "se transforma", porque esta virtualidade tem de ser atualizada pela ação educativa libertadora. E é neste ponto que Paulo Freire avança em relação aos autores que consultou para escrever sua obra.

Paulo percebeu naquele momento, ainda que de modo incipiente, essa contradição estrutural do regime político de então, pois já elegia como questão central de seu texto o que denominava "antinomia fundamental" da realidade brasileira:

> O que nos importa diretamente é a análise ou o levantamento do que poderemos chamar de *antinomia fundamental* de nossa atualidade, em algumas de suas dimensões, e a *"posição"* que deve assumir o nosso agir educativo face a essa mesma antinomia fundamental. [...] A antinomia fundamental que a atualidade brasileira vem se nutrindo e de que se ramificam outros termos antinômicos é a que se manifesta no jogo de dois polos

---

44. Entrevista concedida a Walter José Evangelista em 1972 (*apud* Beisiegel, 1989, p. 22).
45. Na feliz expressão de Weffort (1978, p. 15 e *passim*).

— de um lado, a "*inexperiência democrática*", formada e desenvolvida nas linha típicas de nossa colonização e, de outro, a "*emersão do povo na vida pública nacional*". (EAB, p. 24).[46]

Ora o que ele denomina antinomia é, na verdade, a tensão dialética estabelecida entre os dois polos da mesma realidade, que é a proposta populista: dar vez política ao povo sem dar-lhe voz. É o que o próprio Paulo percebe e esclarece, secundando e avançando em relação ao mais progressista dos isebianos, que é Álvaro Vieira Pinto: a autêntica democracia não poderá ser construída *para* o povo, *sem* o povo; ela só é possível quando erigida *com* o povo. É neste ponto, como percebeu Celso Beisiegel, que Paulo concentra suas preocupações no processo de conscientização — de tão larga e central carreira em toda a sua produção —, a partir das discussões que já vinham sendo travadas entre os isebianos.

Contudo, avança em relação a eles, especialmente em relação ao sociólogo Alberto Guerreiro Ramos, no que diz respeito à emergência da consciência crítica. Segundo os pensadores do Iseb, os fatores do processo de desenvolvimento econômico — leia-se industrialização — já haviam possibilitado a generalização da consciência crítica na população brasileira, pois a etapa subsequente da intransitividade, da inconsciência e do dobrar sobre si mesmo é a da transitividade crítica. Paulo Freire diverge claramente:

> A nossa divergência se encontra centralmente aí. É que para nós, àqueles estágios a-históricos ou de "existência bruta" de "coletividades dobradas sobre si mesmas", não corresponde propriamente uma consciência ingênua que seria então, automaticamente promovida em consciência crítica, pelas alterações infraestruturais. Parece-me, antes, que, àqueles estágios vêm correspondendo uma consciência intransitiva. [...] O "grau" seguinte [...] não é propriamente o da criticidade ainda. Mas, o da transitividade, em que o homem, acentuando e desenvolvendo o seu poder de dialogação com sua circunstância e melhor inserido nela, mas ainda carregado de fortes marcas mágicas, pode sofrer a evolução ou a distorção de sua consciência (*EAB*, p. 56).

Analisando mais detidamente esta passagem, observamos que, mesmo à luz de certa rigidez marxista, Paulo não cometeu nenhuma "ingenuidade" teórica.

---

46. Os destaques estão no texto original.

Convém ressaltar que, ao contrário dos isebianos, Paulo não admite o ser humano como intransitivo absoluto, porque ele é um ser ontologicamente aberto, relacional. Sua intransitividade, mesmo na mais abjeta submissão, é relativa. E poderíamos acrescentar: no fundo dos grilhões da inconsciência, homens e mulheres mantêm, na mais recôndita intimidade, uma capacidade ínfima de autoafirmação, isto é, um mínimo de desejo de assunção da posição de sujeito de sua própria história. Este mínimo é o núcleo do humanismo, é a marca pela qual se distingue este ser de todos os outros que até agora apareceram no processo cósmico, é o sinal pelo qual podemos afirmar: Eis aí uma mulher, eis aí um homem!

Retornando à análise da citação anterior, vemos que, segundo Paulo, da intransitividade relativa, dependendo das circunstâncias específicas, o ser humano passa para a transitividade, carregada de potencialidades críticas, mas apenas de potencialidades. Ou seja, os indivíduos vivendo em contextos em processo de transformação de sua infraestrutura tornam-se coletivos que iniciam o processo de resgate da própria historicidade. Contudo, tanto podem transitar para a constituição de um povo como podem descambar para sua transformação em massa. A atualização das potencialidades críticas depende de processos educativos orgânicos. Processos educativos inorgânicos, processos de massificação ou, ainda, processos de alienação podem levar este coletivo a um grau pior do que o da intransitividade: o da transitividade ortodoxa, da "consciência fanatizada", segundo a expressão que extrai de Gabriel Marcel, o dos fundamentalismos de toda a natureza, diríamos hoje. Neste ponto, mesmo sem nele inspirar-se diretamente, Paulo não estaria reiterando o princípio fundamental do marxismo de que o homem é sujeito de sua história, mas dentro de determinadas circunstâncias? Ao mesmo tempo, não estaria avançando muito além do pensamento dos intelectuais de sua época ao registrar que a consciência crítica não é dada ou gerada apenas nas e pelas circunstâncias especiais, mas depende de um processo de conscientização, portanto, de um processo educativo emancipador, sistemático e diretivo? Não consigo ver a confusão que outros analistas enxergaram nos primeiros trabalhos de Paulo, em estar ele hesitando entre concepções diretivas e não diretivas de educação. Há, no texto, claras indicações sobre o caráter diretivo do processo pedagógico, se se lê, dialeticamente e em profundidade, o trabalho de Paulo. Afinal, ele tanto reconhece direção (intencionalidade) no processo pedagógico alienante, que faz com que o coletivo descambe para a consciência transitiva ingênua, quanto no esforço educativo orgânico, voltado para a construção da consciência transitiva crítica.

Há uma expressão — evidentemente tradutora de um conceito liberal — cuja incorporação e desenvolvimento no conjunto do pensamento dos intelectuais isebianos se deve a Hélio Jaguaribe[47] e que Paulo usa e repete, quase à exaustão, em *Educação e atualidade brasileira*. Trata-se de "estrutura faseológica" e das variantes "condições feseológicas", "circunstâncias faseológicas e "necessidades faseológicas", que aparecem no texto mais de uma dezena de vezes. Caio Navarro de Toledo (1997, p. 49 ss.) afirma que, para Hélio Jaguaribe, a fase ou processo faseológico[48] constitui uma etapa específica do processo histórico de determinada comunidade, diferentemente da época, que denota a etapa de uma civilização. Ou seja, enquanto a época se refere a determinado momento do processo civilizatório, a estrutura faseológica se refere a uma etapa singular de uma formação social. Assim, se a Idade Moderna constituiu uma estrutura epocal, a "fase da transformação, caracterizada pela enérgica e acentuada propensão ao desenvolvimento" (*apud* Toledo, 1997, p. 50), ou seja, a República Populista caracterizaria uma estrutura faseológica. Em *Educação como prática da liberdade* (1994b), Paulo rarefaz a utilização do conceito, embora ainda apareçam expressões como "faseologicamente" (idem, p. 64). Contudo, para Paulo Freire, "processo faseológico" inscreve-se no universo semântico da historicidade dialética. Mais tarde, em *Pedagogia do oprimido*, usará o conceito de "unidade epocal", afirmando, textualmente: "Uma unidade epocal se caracteriza pelo conjunto de ideias, de concepções, de esperanças, dúvidas, valores, desafios, em *interação dialética*[49] com seus contrários, buscando plenitude" (Freire, 1978).

Quando se debruça sobre a análise da realidade empírica brasileira da época, Paulo se serve de análises já realizadas sobre esse contexto, registrando, respeitosamente, os devidos débitos aos intelectuais do Iseb, denominando-os, modestamente de mestres, professores etc. Entretan-

---

47. Sem dúvida, um dos pensadores liberais de centro-direita.

48. Mesmo usando o termo "processo", o sentido conferido por Hélio Jaguaribe ao conceito tem muito mais o significado de estrutura do que de processo. Aliás, ele mesmo, quando conclui sua digressão sobre o tema, afirma: "A fase é etapa da evolução do desenvolvimento de uma comunidade em função de seus próprios eixos e se caracteriza por uma determinada *estrutura-tipo*" (grifos meus J. E. Romão).

49. Grifos meus (J. E. Romão).

to, aproxima-se também de outros autores, como os intelectuais católicos,[50] de Karl Mannheim — sociólogo bastante lido à época no Brasil, segundo Beisiegel (1989, p. 76) — e de um psicólogo social de quem, certamente, Paulo Freire era um dos raros leitores no Brasil, o romeno Zevedei Barbu.

À condenam do viés mannheimiano de Paulo, é bom lembrar que Mannheim é praticamente o criador da sociologia do conhecimento[51] e sua recaída positivista, constatada apenas bem mais tarde por Michael Löwy,[52] dizia respeito apenas a uma tentação de busca das verdades absolutas. O Mannheim de Paulo Freire é o de *Diagnóstico de nuestro tiempo*, *Libertad, poder y planificación democrática*, de *Ensayos de sociología de la cultura* e de *Libertad y planificación social* (todos devidamente referenciados no trabalho de Paulo desta edição). Ou seja, o Mannheim de Paulo é o da terceira posição, entre as respostas totalitárias de direita ou de esquerda e da desumanização capitalista (v. Beisiegel, 1989, p. 77). Com certeza a recente experiência dos totalitarismos nazifascistas também ainda era uma obsessão a ser exorcizada. Mas é neste contexto que a democracia surge como valor universal.

Paulo lê Zevedei Barbu na edição em inglês,[53] *Democracy and dictatorship* (1956), publicada na coleção International Library of Sociology and Social Reconstruction, criada por Mannheim. Barbu examina a democracia e a ditadura, por intermédio dos instrumentos da história, da sociologia e da psicologia, com predominância desta última. A leitura deste autor deve ter impressionado muito Paulo Freire, pois são vários os trechos assinalados por ele na obra e que, depois, podem ser conferidos nas ideias deles derivadas ou neles inspiradas, em *Educação e sociedade brasileira*. Contudo, do autor romeno, o que mais marca Paulo Freire é certa aproximação fenomenológica da realidade, para captar sua totalidade.

---

50. O depoimento de Paulo Rosas, nesta edição, esclarece a forte presença da Igreja católica, por intermédio das diversas ações desencadeadas no Nordeste brasileiro nas décadas de 1950 e 60, ajudando a esclarecer sobre os influxos da ideologia religiosa nas convicções e no pensamento de Paulo Freire.

51. Ver *Ideologia e utopia* (1972).

52. Em *As aventuras de Karl Marx contra o Barão de Münchhausen* (1994).

53. Tive acesso a essa edição porque ela consta do acervo que escapou da sanha dos expurgos realizados pela ditadura militar nas bibliotecas dos considerados subversivos, após 1964, e se encontra no Instituto Paulo Freire.

Porém, mesmo em relação a esses autores já tão avançados para a época, Paulo dá um salto epistemológico qualitativo, fazendo uma síntese dialética e inscrevendo-se, definitivamente, não só entre os grandes educadores, mas entre os grandes pensadores do século XX.

5. Referências bibliográficas

ALBUQUERQUE, Manoel Maurício de. *Pequena história da formação social brasileira*. Rio de Janeiro: Graal, 1981.

BARBU, Zevedei. *Democracy and dictatorship*: their psychology and patterns of life. Londres: Routledge & Kegan Paul, 1956.

_____. Le langage dans les démocraties et les sociétés totalitaires. *Asymetria*, Paris, n. 1, maio 2000. Disponível em: <http:/www.asymetria.org/zevedeibarbu.html>. Acesso em: 28 jul. 2001.

BARRETO, Vera. *Paulo Freire para educadores*. São Paulo: Arte & Ciência, 1998.

BARRETO, Vicente; PAIM, Antonio. *Evolução do pensamento político brasileiro*. Belo Horizonte/São Paulo: Itatiaia/Edusp, 1989.

BARROS, Edgard Luiz de. *O Brasil de 1945 a 1964*; o populismo e a democracia liberal. 4. ed. São Paulo: Contexto, 1994.

BASBAUM, Leôncio. *História sincera da República*. 4. ed. São Paulo: Alfa-Ômega, 1975/76. 4 v.

BEILGUELMAN, Paula. *Formação política do Brasil*. 2. ed. rev. São Paulo: Pioneira, 1976.

BEISIEGEL, Celso de Rui. *Política e educação popular*: a teoria e a prática de Paulo Freire no Brasil. 2. ed. São Paulo: Ática, 1989.

_____. Observaciones sobre la teoría y la práctica en Paulo Freire. *Mandruvá*, São Paulo. Disponível em: <http:/www.hotopos.com.mirand7/observaciones_sobre_la_teoria_y_.htm>. Acesso em: 25 jul. 2001.

BELLO, José Maria. *História da República*. 7. ed. São Paulo: Nacional, 1976.

BENEVIDES, Maria Victoria de Mesquita. *A UDN e o udenismo*: ambiguidades do liberalismo brasileiro (1945-1965). Rio de Janeiro: Paz e Terra, 1981a.

_____. *O governo Jânio Quadros*. São Paulo: Brasiliense, 1981b. (Col. Tudo é História, 30.)

BOITO JR., Armando. *O golpe de 1954*: a burguesia contra o populismo. São Paulo: Brasiliense, 1982. (Col. Tudo é História, 55.)

BOMENY, Helena. *Os intelectuais da educação*. Rio de Janeiro: Jorge Zahar, 2001.

BRANDÃO, Carlos R. (Org.). *A questão política da educação popular*. 4. ed. São Paulo: Brasiliense, 1984.

_____. *O que é método Paulo Freire*. São Paulo: Brasiliense, 1981. (Col. Primeiros Passos, 38.)

CARONE, Edgard. *A Quarta República (1945-1964)*. São Paulo: Difel, 1980.

_____. *O Estado Novo (1937-1945)*. São Paulo: Difel, 1976.

CASTRO, Celso. *Os militares e a República*. Rio de Janeiro: Jorge Zahar, 1995.

CENTRO EL CANELO DE NOS. *Paulo Freire en Chile*. Santiago, 1991.

CERQUEIRA FILHO, Gisálio. *A influência das ideias socialistas no pensamento político brasileiro* — 1890-1922. São Paulo: Loyola, 1978.

CHACON, Vamireh. *História das ideias socialistas no Brasil*. 2. ed. rev. aum. Fortaleza/Rio de Janeiro: UFC/Civilização Brasileira, 1981.

CRIPPA, Adolpho (Coord.). *As ideias políticas no Brasil*. São Paulo: Convívio, 1979. v. 2.

CUNHA, Luiz Antônio; GÓES, Moacyr de. *O golpe na educação*. 10. ed. Rio de Janeiro: Jorge Zahar, 1999.

D'ARAÚJO, Maria Celina Soares. *O segundo governo Vargas* — 1951-1954. 2. ed., São Paulo: Ática, 1992.

DIAS, Everardo. *História das lutas sociais no Brasil*. São Paulo: Alfa-Ômega, 1977.

DI ROCCO, Caetana Maria Jovino. *Educação de adultos*: uma contribuição para seu estudo no Brasil. São Paulo: Loyola, 1979. (Col. Realidade Educacional, V.)

FAORO, Raymundo. *Existe um pensamento político brasileiro?* São Paulo: Ática, 1994.

_____. *Os donos do poder*: formação do patronato político brasileiro. 2. ed. rev. aum. Porto Alegre/São Paulo: Globo/Edusp, 1975. 2 v.

FARIA, Antonio A. da Costa; BARROS, Edgard Luiz. *Getúlio Vargas e sua época*. 8. ed. São Paulo: Global, 1997.

_____ (Dir.). *O Brasil republicano*. São Paulo: Difel, 1975-84. (História Geral da Civilização Brasileira, v. 8 a 11.)

FAUSTO, Boris. *História do Brasil*. 6. ed. São Paulo: Edusp/FDE, 1999.

FERNANDES, Calazans; TERRA, Antonia. *40 horas de esperança*: o método Paulo Freire: política e pedagogia na experiência de Angicos. São Paulo: Ática, 1994.

FERNANDES, Florestan. *A revolução burguesa no Brasil*. 2. ed. Rio de Janeiro: Zahar, 1976.

FREIRE, Ana Maria Araújo (Org.). *A pedagogia da libertação em Paulo Freire*. São Paulo: Ed. Unesp, 2001.

FREIRE, Paulo. *À sombra desta mangueira*. São Paulo: Olho d'Água, 1995a.

_____. *Ação cultural para a liberdade*. 8. ed. Rio de Janeiro: Paz e Terra, 1982.

_____. *A educação na cidade*. 2. ed. São Paulo: Cortez, 1995b.

_____. *A importância do ato de ler*. 26. ed. São Paulo: Cortez/Autores Associados, 1991.

_____. *Cartas a Cristina*. Rio de Janeiro: Paz e Terra, 1994a.

_____. *Conscientização*. São Paulo: Cortez e Moraes, 1979a.

_____. *Educação como prática da liberdade*. 18. ed. Rio de Janeiro: Paz e Terra, 1994b.

_____. *Educação e mudança*. Rio de Janeiro: Paz e Terra, 1979b.

_____. *Educadores de rua*: uma abordagem crítica. Bogotá: Unicef, 1989a.

_____. *Extensão ou comunicação?* 10. ed. Rio de Janeiro: Paz e Terra, 1992a.

_____. *Pedagogia da autonomia*: saberes necessários à prática pedagógica. 3. ed. Rio de Janeiro: Paz e Terra, 1997. (Col. Leitura.)

_____. *Pedagogia da esperança*. Rio de Janeiro: Paz e Terra, 1992b.

_____. *Pedagogia da indignação*: cartas pedagógicas e outros escritos. São Paulo: Unesp, 2000.

_____. *Pedagogia do oprimido*. 6. ed. Rio de Janeiro: Paz e Terra, 1981.

_____. *Política e educação*. São Paulo: Cortez, 1993. (Col. Questões da Nossa Época, 23.)

_____. *Professora sim, tia não*: cartas a quem ousa ensinar. 7. ed. São Paulo: Olho d'Água, 1995c.

_____; BETTO, Frei. *Essa escola chamada vida*. 6. ed. São Paulo: Ática, 1988.

_____ et al. *Vivendo e aprendendo*: experiências do Idac em educação popular. 9. ed. São Paulo: Brasiliense, 1985.

FREIRE, Paulo; FAUNDEZ, Antonio. *Por uma pedagogia da pergunta*. 3. ed. Rio de Janeiro: Paz e Terra, 1985.

_____; GADOTTI, Moacir; GUIMARÃES, Sérgio. *Pedagogia*: diálogo e conflito. 3. ed. São Paulo: Cortez/Autores Associados, 1989.

_____; GUIMARÃES, Sérgio. *Aprendendo com a própria história*. Rio de Janeiro: Paz e Terra, 1987.

_____; MACEDO, Donaldo. *Literacy*: reading the word and the world. Mass.: Bergin Garvey, 1987.

_____; SHOR, Ira. *Medo e ousadia*: o cotidiano do professor. 5. ed. Rio de Janeiro: Paz e Terra, 1995.

FURTADO, Celso. *Formação econômica do Brasil*. 11. ed. 1. reimp. São Paulo: Nacional, 1972.

GADOTTI, Moacir. *História das ideias pedagógicas*. São Paulo: Ática, 1993a.

_____ (Org.). *Paulo Freire*: uma biobibliografia. São Paulo: IPF/Cortez, 1996.

_____. *Paulo Freire, su vida e su obra*. Colômbia: Codecal, s/d.

_____; ROMÃO (Org.). *Educação de jovens e adultos*: teoria, prática e proposta. São Paulo: IPF/Cortez, 1997.

_____; TORRES, Carlos Alberto. *Estado e educação popular na América Latina*. Campinas, Papirus/IPF, 1992.

_____. *Educación popular*: crisis y perspectivas. Buenos Aires: Miño y Dávila/IPF, 1993b.

GANDIN, Luís Armando. *Educação libertadora*: avanços, limites e contradições. Petrópolis: Vozes, 1995.

GOLDMANN, Annie; LÖWY, Michel; NAïR, Samir. *Le structuralisme génétique*: l'Oeuvre et l'influence de Lucien Goldmann. Paris: Denoël/Gonthier, 1977.

GOLDMANN, Lucien. *Ciências humanas e filosofia*: o que é sociologia? Trad. Lupe Cotrim Garaude e José Arthur Giannotti. 10. ed. São Paulo: Difel, 1986.

_____. *A criação cultural na sociedade moderna*: por uma sociologia da totalidade. Trad. Rolando Roque da Silva. São Paulo: Difel, 1972.

_____. *Crítica e dogmatismo na cultura moderna*. Trad. Ronaldo e Célia E. A. Di Piero. Rio de Janeiro: Paz e Terra, 1973.

_____. *Le dieu caché*. Paris: Gallimard, 1959a.

_____. *Dialéctica e ciências humanas*. Trad. João Arsênio Nunes, v. I; Margarida Garrido e José Vasconcelos Esteves, v. II. Lisboa: Presença, 1972/3.

GOLDMANN, Lucien. *Épistémologie et philosophie politique*: pour une théorie de la liberté. Paris: Médiations, 1978.

_____. *Recherches dialectiques*. Paris: Gallimard, 1959b.

_____. *Sociologia do romance*. Trad. Álvaro Cabral. Rio de Janeiro: Paz e Terra, 1967.

_____. *Structures mentales et création culturelle*. Paris: Anthropos, 1970.

GORENDER, Jacob. *Combate nas trevas*: a esquerda brasileira: das ilusões perdidas à luta armada. 3. ed. São Paulo: Ática, 1987.

HABERT, Nadine. *A década de 70*; apogeu e crise da ditadura militar brasileira. São Paulo: Ática, 1992. (Série Princípios.)

IANNI, Octavio. *O colapso do populismo no Brasil*. 4. ed. rev. Rio de Janeiro: Civilização Brasileira, 1988.

IGLÉSIAS, Francisco. *Breve historia contemporánea del Brasil*. México: Fondo de Cultura Económica, 1994.

_____. *Trajetória política do Brasil*: 1500-1964. 2. ed. São Paulo: Companhia das Letras, 1993.

JANUZZI, Gilberta Martino. *Confronto pedagógico*: Paulo Freire e o Mobral. São Paulo: Cortez & Moraes, 1979.

JARDILINO, José Rubens L. *Paulo Freire*: retalhos biobibliográficos. São Paulo: Pulsar, 2000.

LINHARES, Maria Yedda. *História geral do Brasil*. Rio de Janeiro: Campus, 1996.

LOPEZ, Luiz Roberto. *História do Brasil contemporâneo*. 8. ed. Porto Alegre: Mercado Aberto, 1997a.

_____. *República (Uma história do Brasil)*. São Paulo: Contexto, 1997b.

LÖWY, Michael. *As aventuras de Karl Marx contra o Barão de Münchhausen*. 5. ed. (rev.). São Paulo: Cortez, 1994.

LUKÁCS, Georg. *Teoria do romance*. Lisboa: Presença, s/d.

MANNHEIM, Karl. *Ideologia e utopia*. 2. ed. Rio de Janeiro: Zahar, 1972.

MAURO, Frédéric. *História do Brasil*. São Paulo: Difel, 1974. (Col. Saber Atual.)

MCLAREN, Peter; LEONARD, Peter; GADOTTI, Moacir (Org.). *Paulo Freire*: poder, desejo e memórias da libertação. Porto Alegre: Artmed, 1998.

MERCADANTE, Paulo. *A consciência conservadora no Brasil*. 3. ed. Rio de Janeiro: Nova Fronteira, 1980.

MORAES, João Quartim (Org.). *História do marxismo no Brasil*. Campinas: Ed. da Unicamp, 1998. (Teorias. Interpretações, v. III)

MOTA, Carlos Guilherme (Org.). *Brasil em perspectiva*. 16. ed. Rio de Janeiro: Bertrand, 1987.

_____ (Org.). *Viagem incompleta*: a experiência brasileira (1500-2000) — a grande transação. São Paulo: Senac, 2000.

NEDER, Gizlene. *Os compromissos conservadores do liberalismo no Brasil*. Rio de Janeiro: Achiamé, 1979.

NOGUEIRA, Adriano; GERALDI, João W. *Paulo Freire*: trabalho, comentário, reflexão. Petrópolis: Vozes, 1990.

ODÁLIA, Nilo. O Brasil nas relações internacionais: 1945-1964. In: MOTA, Carlos Guilherme (Org.). *Brasil em perspectiva*. 16. ed. São Paulo: Bertrand do Brasil, 1987.

OLIVEIRA, Admardo Serafim de. *Educação*: redes que capturam caminhos que abrem. Vitória: Edufes, 1996.

PAIVA, Vanilda. *Paulo Freire e o nacionalismo-desenvolvimentista*. Rio de Janeiro: Graal, 2000.

PASSETTI, Edson. *Conversação libertária com Paulo Freire*. São Paulo: Imaginária, 1998.

PÉCAUT, Daniel. *Os intelectuais e a política no Brasil*. São Paulo: Ática, 1990.

PENNA, Lincoln de Abreu. *República brasileira*. Rio de Janeiro: Nova Fronteira, 1999.

PRADO Júnior, Caio. *Evolução política do Brasil*. 8. ed. São Paulo: Brasiliense, 1972a.

_____. *História econômica do Brasil*. 15. ed. São Paulo: Brasiliense, 1972b.

PRÉLOT, Marcel. *Histoire des idées politiques*. 4. ed. Paris: Dalloz, 1970.

RODRIGUES, Marly. *A década de 50*: populismo e metas desenvolvimentistas no Brasil. São Paulo: Ática, 1992. (Série Princípios.)

ROMÃO, José Eustáquio. *Dialética da diferença*. São Paulo: Cortez, 2000.

SAES, Décio. *A formação do Estado burguês no Brasil (1888-1891)*. Rio de Janeiro: Paz e Terra, 1985.

SAUL, Ana Maria (Org.). *Paulo Freire e a formação de educadores*: múltiplos olhares. São Paulo: Articulação Universidade/Escola, 2000.

SCOCUGLIA, Afonso Celso. *A história das ideias de Paulo Freire e a atual crise de paradigmas*. 2. ed. João Pessoa: Ed. UFPB, 1999.

SILVA, Hélio. *O poder militar*. 2. ed. Porto Alegre: L&PM, 1985.

SKIDMORE, Thomas E. *Uma história do Brasil*. Rio de Janeiro: Paz e Terra, 1998.

STRECK, Danilo R. (Org.). *Paulo Freire*: Ética, utopia e educação. Petrópolis: Vozes, 1999.

TEIXEIRA, Maria Cecília Sanchez. *Discurso pedagógico, mito e ideologia*: o imaginário de Paulo Freire e de Anísio Teixeira. Rio de Janeiro: Quartet, 2000.

TEODORO, António (Org.). *Educar, promover, emancipar*: Os contributos de Paulo Freire e Rui Grácio para uma pedagogia emancipatória. Lisboa: Ed. Universitárias Lusófonas, 2001.

TOLEDO, Caio Navarro de. *O governo Goulart e o golpe de 64*. São Paulo: Brasiliense, 1982. (Col. Tudo é História, 48.)

_____. *Iseb*: fábrica de ideologias. 2. ed. Campinas: Ed. Unicamp, 1997.

TORRES, Carlos Alberto. *A política da educação não formal na América Latina*. Rio de Janeiro: Paz e Terra, 1992.

_____. *Diálogo com Paulo Freire*. São Paulo: Loyola, 1979.

_____. *A ideologia de Paulo Freire*. São Paulo: Loyola, 1981.

TORRES, Rosa Maria (Org.). *Educação popular*: um encontro com Paulo Freire. São Paulo: Loyola, 1987.

TOUCHARD, Jean. *Histoire des idées politiques*: du XVIIIème siècle à nos jours. 5. ed. Paris: PUF, 1970.

TREVISAN, Leonardo. *Instituição militar e Estado brasileiro*. São Paulo: Global, 1987.

WEFFORT, Francisco. *O populismo na política brasileira*. Rio de Janeiro: Paz e Terra, 1978.

_____. O populismo na política brasileira. In: FURTADO, Celso (Org.). *Brasil*: tempos modernos. 3. ed. Rio de Janeiro: Paz e Terra, 1979. p. 49-75.

Depoimento I
RECIFE: CULTURA E PARTICIPAÇÃO (1950-64)[54]

Paulo Rosas

1. Introdução

Este *encontro* é, na sua essência, político e social. Analistas políticos, sociólogos, economistas, historiadores têm, naturalmente, a palavra. Não sou nada disso. Sou psicólogo. No entanto, não me sinto alheio à problemática em debate. Psicólogo, desde o início voltado para o estudo do trabalho e da educação, não poderia ser indiferente à realidade política e social, apesar de jamais haver tido qualquer vinculação partidária. Nem o fato de não ser recifense ou pernambucano me inibe de falar do Recife. Ao chegar ao Recife, em janeiro de 1951, descobri que, sem perder minhas

---

54. Texto apresentado no Seminário sobre o Recife, promovido pelo Cedec de São Paulo, em maio de 1981. Mantive a Introdução para ser fiel ao contexto do seminário original. Entre outros, estavam presentes os professores Paulo Freire, Celso de Rui Beisiegel — debatedor do texto —, Francisco de Oliveira, Sylvio Maranhão e Maria Conceição d'Incao. Foi redigitado com modificações formais e alguns acréscimos, feitos com a finalidade de melhor explicitar a presença de Paulo Freire no ambiente cultural do Recife, nos anos 50, e indicar algumas fontes intelectuais e políticas que influenciaram os educadores que então atuaram naquela capital nordestina, na condição de pensadores, docentes e militantes.

raízes de origem — vinha de Natal, onde, desde a adolescência, andava às voltas com atividades estudantis de natureza política e cultural —, enriquecia-me com novas raízes. Por conseguinte, vivendo no Recife desde 1951, creio poder prestar um depoimento e fazer algumas inferências sobre o que vi acontecer, em parte com meu envolvimento pessoal, quanto à cultura e à participação no processo de *reconstrução* da cultura no Recife, nas últimas décadas, o que farei sem perder meus cacoetes de psicólogo. E deixarei a Celso Beisiegel e aos demais participantes deste Seminário, com formação mais apropriada, a oportunidade de preencher as lacunas e complementar seu estudo com a análise que eu não saberia fazer.

Ocioso será insistir sobre o caráter de aproximação destas reflexões. Os nomes e tendências aqui em relevo são os nomes e tendências rememorados agora. Decerto, mereciam relevo. Mas nenhuma pesquisa de base foi realizada com a finalidade de prestar este depoimento. É possível, portanto, que outros nomes e acontecimentos aqui omitidos tenham tido igual ou maior relevo do que os selecionados. A bibliografia aqui citada, inclusive a posterior à apresentação original deste artigo, não compreende uma revisão sistemática das fontes disponíveis, mas a inclusão de leituras anteriormente feitas, cuja referência é julgada pertinente.

É verdade que os fatos mais importantes ocorreram nos anos 60. Entretanto, dificilmente teriam acontecido sem seus antecedentes imediatos, germinados sobretudo no decênio anterior, período de preparação ou amadurecimento das novas ideias, período de preparação e amadurecimento de *Educação e atualidade brasileira*.

Sem descartar o sentido antropológico, o termo *cultura* é aqui empregado também com ênfase em suas implicações intelectuais, de conhecimentos estabelecidos ou em construção.

2. Os Anos 50

Divergências ideológicas, de posicionamentos diante de situações políticas, econômicas e sociais, ocorrem e são expressas de modo mais ou menos explícito, sempre que as condições históricas do ambiente e da pessoa — diria Kurt Lewin — as possibilitam.

Na passagem dos anos 40 para os 50 vivia-se no Brasil uma discreta euforia pós-Estado Novo. Reorganizava-se o ensino superior, com o agrupamento de novas e de antigas unidades — escolas ou faculdades — em universidades, em que pesasse o artificialismo da medida. Reaprendia-se a pensar e a fazer uso da palavra em uma sociedade agora formalmente democrática. Seria compreensível que a explicitação das divergências diante das situações políticas, econômicas e sociais se desse de modo contundente e tendesse para certa intolerância entre os oponentes.

Diferenças culturais históricas levaram as diversas regiões do país a serem palco de diferentes estilos no diagnóstico da atualidade considerada, na expressão das divergências internas quanto a sua análise e na identificação dos caminhos alternativos para removerem — *ou tornarem mais eficientes* — os obstáculos que alimentavam a distância entre as camadas sociais, que alimentavam a manutenção do poder de *opressão dos opressores sobre os oprimidos*.

No transcorrer dos anos 50, observou-se no Recife o aprofundamento de um conflito de ideias e atitudes entre os intelectuais. De um lado, a sedimentação de comportamentos conservadores, centrados no produto da inteligência. De outro, ampliavam-se a contestação dessa atitude e a crença no valor do intercâmbio de experiências de vida — não apenas intelectuais — entre pessoas e grupos, inclusive entre pessoas e grupos pertencentes a diferentes camadas sociais e econômicas e a diferentes níveis de escolaridade. O que, em termos psicológicos, representava crença nas potencialidades da pessoa sob o impacto de sua história de vida: não apenas crença nas potencialidades da pessoa sob o impacto de uma história de vida intelectualizada ou acadêmica.

Em todo caso, a cultura no Recife dos anos 50 foi, em minha opinião, visceralmente, uma cultura das elites. Se um questionamento havia, não se originava das camadas populares. Era um questionamento das elites. Uma reflexão sobre suas próprias vivências e percepções, de umas tantas concepções filosóficas que reclamavam coerência diante da realidade social, econômica e política. Reflexão construída em referência ao olhar das elites intelectuais. Consolidada ou em elaboração, era, igualmente, dirigida às elites.

Com ou sem menção explícita ao termo *elites*, ele próprio incômodo e inutilmente rejeitado, eram as elites intelectuais percebidas como depositárias da cultura, no sentido de conhecimentos acumulados, e competentes para concretizarem sua reconstrução. Eram elas, portanto, a grande esperança da criatividade e da afirmação regionais. Talvez não se percebesse que as elites, mesmo quando reformistas, resguardavam, como defesa psicologicamente compreensível, o estilo conservador de seu papel. A passagem da valorização do saber das elites para a valorização do saber popular ou também popular não se daria sem traumas.

    Decerto, esta posição não representava nenhuma novidade. A novidade, se existia, estava em ter sabido ela própria, ou uma parte expressiva dos que a constituíam, contestar a manutenção do *status quo* — isto é, a relação de poder das *elites sábias* sobre *a massa ignorante* — e chegar a uma importante proposta de participação popular, no processo de reconstrução da cultura. Tudo isto conduzia a um novo conceito do *saber* e a um projeto — quase diria, intermediário — de preparação das camadas populares para compreenderem e se utilizarem dos instrumentos próprios do modelo de comunicação vigente entre as elites, *a começar pela alfabetização*.

    Talvez a ampliação desse questionamento e desse discurso tenha sido possível, pelo menos no início, sem que os conflitos atingissem níveis insuportáveis, por se reduzirem, questionamento e discurso, a um confronto no interior das próprias elites intelectuais. Predominantemente, entre as elites consolidadas, compreendendo as gerações de 20 e anteriores, e as elites em processo de consolidação, compreendendo as gerações de 30, 40 e mesmo as de 50, ainda em formação.

    Vinham os mais velhos, em considerável parcela, de posições abertas, mesmo de luta, nas décadas anteriores, para uma prudente atitude a favor de um estado de coisas que lhes era conveniente. Entendendo-os: uma situação é lutar contra uma ditadura — no caso, a do Estado Novo —, que, por nem sempre serem conscientes os motivos, se rejeita-a, porque sob seu poder não se tem assento seguro. Outra, uma vez conquistada uma faixa própria de autonomia e segurança, a partir da chamada redemocratização nacional, é admitir restrições quanto à restauração do antigo poder das elites *cultas sobre* as camadas *incultas* da população. Da superioridade do saber construído pelos *letrados* (pensadores e cientistas) *sobre*, no máximo, o senso comum dos *iletrados*. Evidentes (conscientes? inconscientes?) são os riscos de comprometimento dos ganhos conquistados. Promover a mudança seria "suicídio".

    Em vez disso, muda-se o discurso. *Ontem, provocador de mudanças. Hoje, defensor das mudanças alcançadas.* Mais contido. Reservado. Reticente. Afinal, francamente conservador. Gilberto Freyre é, talvez, nosso melhor exemplo.

Importante é considerar que tais comportamentos não parecem indicar nenhum "defeito" exclusivo de Gilberto Freyre. Tampouco devem ser denunciados como indicadores de uma acomodação surpreendente e própria das elites pernambucanas ou recifenses, nos anos 50. Discurso reformista, talvez revolucionário, ontem. Hoje, atitudes conservadoras. O discurso muda. Diz a regra: *tem de mudar.* É preciso manter a coerência entre o discurso do momento presente e os valores e atitudes atuais. Insuportável seria o conflito entre o pensamento da juventude e as atitudes assumidas na maturidade. Por conseguinte, no Recife de então — como em outros momentos, outros locais —, a cultura construída ou reconstruída nos anos 30 ou 40 tendia à cristalização, sob a liderança de seus mentores e com a participação de jovens intelectuais, cujas afinidades com o pensamento conservador eram sinceras. Aqui e ali é possível que motivações pessoais menos nobres tenham "justificado" certas posições.

Fato igualmente relevante é a constatação de que, em quantidade incomum, não apenas jovens estudantes universitários ou recém-graduados, mas professores, pesquisadores e outros profissionais, com ou sem formação universitária, percorreram caminho inverso. Vinculados principalmente à Igreja católica, um dos baluartes do conservadorismo, foram, gradualmente, mudando de atitude e de discurso, sem, necessariamente, abandonarem as práticas religiosas. Entre os estudantes, a Juventude Universitária Católica (JUC) foi um campo particularmente propício ao questionamento do conservadorismo e à opção por novos caminhos. Incluo-me entre estes: na verdade, no meu caso, o processo se iniciara ainda em Natal.[55]

Obviamente, no Brasil dos anos 50, o Recife não foi o único local onde se concentraram mudanças como as referidas acima. O importante, no caso do Recife, naquele tempo, é que a contestação da autoridade ultrapassou o limite das ideias para ser metodológica. Para abrigar, como valiosos, pensamentos e experiências de "leigos" — isto é, *não doutores* — cuja relevância era admitida como objeto de estudos, mas inaproveitáveis como contribuições para a ciência, a tecnologia, a cultura. É verdade que isto não ocorreu de repente. Foi acontecendo durante a década, sobretudo a partir de 1955.

---

55. Não disponho de informações fidedignas, mas era voz corrente que acontecia, em menor escala, algo parecido com jovens evangélicos, salvo equívoco, sobretudo *batistas*.

Por enquanto, as divergências eram amenizadas pelo acordo tácito em torno da valorização do produto da inteligência, a valorização do saber acadêmico. Um ideal de cultura empolgava a muitos, tanto a intelectuais maduros quanto a candidatos a intelectuais, jovens docentes ou estudantes universitários sensíveis aos problemas sociais e insatisfeitos com as políticas oficiais então vigentes, que pareciam acentuar a distância social entre os atores das categorias socioeconômicas. Fazia-se lugar-comum o discurso que protestava contra a exploração das "classes dominadas" pelas "classes dominadoras".

A salvação do Nordeste, a salvação do Recife, face ao descrédito nos políticos de carreira e nos administradores públicos, estaria no trabalho, no pensamento e na ação dos intelectuais: cientistas, educadores, pensadores sociais e, posteriormente, nos, tecnocratas.

Circulavam, então, entre os intelectuais dedicados às ciências humanas e à educação, obras comuns aos de tendência conservadora ou aos que defendiam mudanças profundas nas relações de poder entre as camadas sociais, tais como as de Gilberto Freyre, Jacques e Raissa Maritain, Gabriel Marcel, Ortega y Gasset, John Dewey, Karl Mannheim, padre Joseph Lebret, Anísio Teixeira, Fernando Azevedo, Jorge Amado, Graciliano Ramos, Jean-Paul Sartre... Naturalmente, eram obras lidas com diferente olhar, de acordo com as posições ou inclinações ideológicas individuais. Menciono alguns autores que me ocorrem e que recordo serem frequentemente citados e, presumivelmente, lidos, observação que não induz à suposição de que constituíam uma espécie de *biblioteca mínima universal...* Para alguns, logo mais seriam as publicações do Iseb, talvez Marx ou divulgadores de Marx, em edições nem sempre confiáveis.

Aliás, os políticos que abordavam temas relacionados à cultura e à educação dirigiam-se, também eles, às elites. Ao povo, restavam os discursos vazios, de promessas para não serem cumpridas, salvo quando se dirigiam aos que se encontravam em processo de elitização, por terem alcançado acesso a graus mais avançados de escolaridade formal e aos que desempenhavam papéis de liderança. Na verdade, a participação popular, ainda precariamente organizada, reduzia-se em grande parte, senão na maioria das vezes, a solicitações que pouco ou nada tinham a ver com os interesses sociais. Antes caracterizadas por vantagens pessoais de *cabos eleitorais* militantes ou promissores, terminavam na mesa de acertos entre os que detinham o poder decisório e *padrinhos fortes*. Em última análise, a participação do povo limitava-se, em tese, a ser usuário dos benefícios concedidos sem ele.

Quanto ao papel exercido pelos intelectuais, dava-se no interior das entidades que integravam, se bem que nem sempre tenham alcançado êxito em suas lutas, por vezes conseguiram romper as barreiras interpostas pela estrutura burocratizada e centralizadora, *como ocorreria com o professor Paulo Freire, ao assumir a diretoria do Serviço de Extensão Cultural, criado em fevereiro de 1962.*

Tome-se como primeira referência a então Universidade do Recife. Conforme seu estatuto, vigente desde 1946 — ano de sua criação —, a participação dos docentes era reduzida aos catedráticos. Não se tratava de uma situação peculiar ao Recife. Nesta cidade, acompanhava-se o modelo oficial, então adotado pelo sistema federal de ensino superior. Modelo intermediário entre o sistema de todo discricionário, próprio do Estado Novo, e a proposta liberal-democrática, aspiração frustrada de alguns.

Recorde-se daquela estrutura. Em se tratando das faculdades e escolas, o poder decisório e o executivo eram repartidos entre a Congregação, o Conselho Técnico-Administrativo e a Diretoria. A Congregação compunha-se dos professores catedráticos no exercício ou em disponibilidade, dos professores interinos (na prática, catedráticos ainda sem concurso), dos professores eméritos e de *um representante dos docentes-livres*. Na Congregação não havia, nos termos do estatuto de 1946, representação dos alunos nem das demais categorias dos docentes: adjuntos, assistentes e instrutores.

O Conselho Técnico-Administrativo era constituído por três ou seis membros, além do diretor, seu presidente nato, todos catedráticos. O diretor era nomeado pelo presidente da República, e o vice-diretor, pelo reitor, entre os integrantes do Conselho Técnico-Administrativo.

O ingresso na carreira do magistério superior, fosse como *instrutor* ou *assistente*, resultava da indicação de um catedrático e da aquiescência do diretor, a quem cabia assinar a nomeação.

Os *professores adjuntos* eram, igualmente, indicados por um catedrático. Entretanto, havia uma condição: deveriam ser docentes-livres e, preferencialmente, assistentes. A formalização da proposta de sua contratação ou dispensa cabia ao diretor, e o ato de contratar ou dispensar, ao reitor.

Os *professores interinos* eram indicados pelo Conselho Técnico-Administrativo, competindo ao reitor sua nomeação. Neste caso, a preferência recaía sobre docentes-livres.

Apenas os professores catedráticos efetivos, cujo poder era vitalício, tinham sua admissão condicionada a concurso — o que, na realidade, nem sempre acontecia. A inscrição ao concurso para *professor catedrático* era permitida aos catedráticos interinos, docentes-livres, professores adjuntos, professores de outras faculdades ou escolas portadores de titulação equivalente e pessoas que não se enquadravam nas categorias acima, mas eram reconhecidas pela congregação interessada como possuidores de *notório saber*. O ato de nomeação consistia em um decreto do presidente da República.

No tocante à transmissão da cultura estabelecida, a Universidade do Recife dos anos 50 dirigia-se tão somente às elites consolidadas ou em formação. Seu público era constituído apenas de *acadêmicos*. Nada lembro de expressivo — além dos ambulatórios médicos e dentários e, talvez, da assistência jurídica — que representasse uma saída de seus muros, uma linguagem para o povo, para pessoas não incluídas no restrito círculo dos acadêmicos.

A pesquisa era ainda incipiente e, nos moldes da pesquisa científica, raros a faziam fora dos domínios das ciências exatas. Aos alunos, além da assistência às aulas convencionais, havia, por vezes, a possibilidade de serem admitidos para integrarem equipes de estudos, quase sempre impropriamente chamados "teóricos", envolvendo as diversas ciências ou aplicações práticas dos diversos domínios do saber, no formato de estágios ou participação das realizações programadas à sombra e à luz dos catedráticos. Na maioria das vezes, não compreendiam projetos estimulados pela reitoria ou pela diretoria das escolas ou faculdades, mas dependiam do interesse dos catedráticos ou eram impostos pela natureza das disciplinas lecionadas, como ocorria principalmente na Faculdade de Medicina. Ser admitido para compor equipes especiais de estudos ou de prática era uma oportunidade de adquirir melhor formação e, ao mesmo tempo, significava uma vaga promessa de futura carreira, em princípio atrelada ao pensamento oficial da cadeira.

Havia exceções: catedráticos que "deixavam" *seus* assistentes, e *até* instrutores livres para pensar e criar. Mas o comum era se esperar dos assistentes e instrutores estrita fidelidade ao "pensamento da cátedra". Divergir do catedrático era interpretado como desrespeito, ser ingrato, uma quase agressão... De resto, repetia a Universidade do Recife um modelo generalizado nas universidades públicas brasileiras, incorporado de experiências estrangeiras.

Ora, se o povo não era pensado sequer como possível ouvinte, receptor passivo das mensagens emitidas pela universidade, menos ainda caberia ouvir e levar a sério as propostas do povo, de considerar como valiosa sua "experiência" ou, nas palavras de Paulo Freire, sua "leitura do mundo", mesmo quando as pessoas não incluídas no círculo dos acadêmicos fossem objeto de seus estudos. Ainda que, sinceramente, fosse esse povo pensado como beneficiário ou usuário dos resultados da pesquisa científica, ou até das reformas sociais ou educacionais, planejadas tecnicamente em gabinete ou laboratório.

Sem dúvida, tal estado de coisas era contestado de modo cada vez mais frequente, não somente por estudantes e docentes mais jovens — instrutores e assistentes —, mas por catedráticos lúcidos.

Fora da Universidade do Recife, nos anos 50, algumas entidades representaram importante papel na vida cultural da cidade, seja por seus próprios objetivos, seja pela ação de seus dirigentes ou de seus integrantes. Nem todas foram agentes deliberados de mudanças. Salvo melhor juízo, percebo a Academia Pernambucana de Letras, o Instituto Arqueológico, o Arquivo Público Estadual e o Gabinete Português de Leitura como instituições que então prestaram um relevante serviço à cultura pernambucana, dentro dos limites conservadores dos programas que tinham em mente.

Outras, no entanto, à maneira do Instituto Joaquim Nabuco de Pesquisas Sociais, do Centro Regional de Pesquisas Educacionais do Recife, do Departamento de Documentação e Cultura (DDC) da Prefeitura, do Sesi, da Ação Católica e do Centro de Cultura e Ação Política, contribuíram, em alguns casos, talvez, malgrado seu, para a mudança do pensamento e de atitudes políticas e sociais conservadoras, cujos efeitos se fizeram sentir sobretudo no início do decênio seguinte.

No Instituto Joaquim Nabuco de Pesquisas Sociais — hoje Fundação Joaquim Nabuco[56] — e no Centro Regional de Pesquisas Educacionais do Recife predominavam o prestígio e a influência de Gilberto Freyre. Prestígio e influência que, tanto por se respaldar em uma produção indispensável para se compreender Pernambuco e o Brasil, quanto pela amplitude e diversificação de sua audiência, alcançavam não apenas as elites conservadoras, mas os intelectuais de tendências "progressistas", como

---

56. O Instituto Joaquim Nabuco foi criado em 1949, por iniciativa de Gilberto Freyre, na época deputado federal.

já se começava a dizer. Por conseguinte, não era sem razão o respeito a Gilberto Freyre por suas contribuições no que concerne às ciências sociais, identificado, inclusive, entre os que discordavam de suas interpretações e atitudes políticas, assumidas na passagem dos anos 1950 para os 1960.

Lembre-se que, em 1926, Gilberto Freyre (1976, p. 55) publicara seu histórico *Manifesto regionalista*, no qual reconhecia que a República estava "ianquizada" e, entre outros pontos importantes, denunciava que o Brasil vinha sendo vítima, "desde que é nação, das estrangeirices que lhe têm sido impostas, sem nenhum respeito pelas peculiaridades e desigualdades de sua configuração física e social...". De outra parte, de Gilberto Freyre se originou, em 1934, a ideia de reunir, de "maneira extravagante e um tanto burlesca" (Freyre, 1959, p. LXXI), pais-de-santo e cientistas sociais, o que se concretizou com o 1º Congresso Afro-Brasileiro, realizado com o concurso de Ulisses Pernambucano e colaboradores, principalmente psiquiatras que o acompanhavam na proposta de uma *psiquiatria social*.[57]

Justo é salientar a sensibilidade e a fidelidade aos valores e tradições de Pernambuco que Gilberto Freyre cultivou e cujo estudo ajudou a disseminar, ele próprio realizando a clássica descrição e análise da organização social e cultural de Pernambuco, das casas-grandes e senzalas, dos sobrados e mucambos. As pesquisas do Instituto Joaquim Nabuco contribuíram então — e continuam contribuindo hoje — para se compreender melhor o Recife e Pernambuco e, por extensão, o Nordeste e o Brasil.

De outra parte, durante o período em que colaborei com o Centro Regional de Pesquisas Educacionais do Recife — e o fiz desde sua instalação, inicialmente sem vínculo empregatício, realizando pesquisas financiadas pelo CRPER, de 1959 a 1960 como funcionário, assistente de pesquisa — nenhuma restrição sofri que afetasse a livre expressão do meu pensamento.

---

57. Ulisses Pernambucano de Melo, promotor da Psicologia Aplicada no Recife, com a criação do Instituto de Psicologia de Pernambuco, em 1925, desempenhou relevante papel na cultura pernambucana, envolvendo a psicologia, a psiquiatria e a educação. Sua participação pessoal foi interrompida em 1935, quando foi preso sob a acusação de ser comunista. Ulisses Pernambucano faleceu em 1943, aos 52 anos. Como escreveu Gilberto Freyre (1959, p. LXX), "na mocidade da velhice". Sobre o papel de Ulisses Pernambucano na implantação da psicologia aplicada e na renovação do ensino médio oficial no Recife e das corajosas mudanças no pensamento e na prática da psiquiatria, ver Rosas (1985) e Medeiros (1997).

Tudo isso é justo salientar. Mas é igualmente justo sublinhar que predominava na produção intelectual e na influência de Gilberto Freyre sobre os intelectuais do Recife dos anos 50 e 60 um conservadorismo prudente. A sensibilidade pelos problemas políticos e sociais, o entendimento de que deveriam as camadas mais pobres da sociedade ter acesso a melhores condições de vida, inclusive de instrução, havia, sim. Mas, de conformidade com o pensamento e a influência de Gilberto Freyre, não se cogitava que houvesse mudanças na estrutura de poder reinante, convencionalmente estabelecida, a ponto de afetar o relacionamento entre sobrados e mucambos, casas-grandes e senzalas, além dos padrões e das intimidades tradicionalmente admitidas. Tampouco se estimularia que as elites intelectuais, na elaboração de projetos educacionais concretos, absorvessem e valorizassem a experiência das camadas populares, no estilo preconizado por Paulo Freire ou de acordo com a "mistura" ideológica percebida no Movimento de Cultura Popular (MCP). Tanto que, ao comunicar ao dr. Gilberto Freyre minha decisão de me afastar do Centro Regional de Pesquisas Educacionais, onde trabalhava, para atuar na Divisão de Pesquisas do MCP, advertiu-me ele contra o perigo de "me meter" com os comunistas.

No que concerne ao Departamento de Documentação e Cultura (DDC), da Prefeitura do Recife, nos anos 50, seu principal veículo de ação — dentro do quadro aqui analisado — consistiu na criação ou ampliação de uma rede de bibliotecas públicas itinerantes, instaladas em ônibus adaptados para esse fim. Havia também uma discoteca, em prédio localizado no centro da cidade, que proporcionava ao público a audição de boa música. Estudante universitário e iniciante de carreira docente, em nível médio e superior, fui, nos anos 50, um dos frequentadores da discoteca do DDC. O DDC se ocupava, ainda, do carnaval e de outras festividades populares.

Paulo Freire, cuja obra ganharia projeção internacional nos decênios seguintes, defendia — atitude que manteve por toda sua vida — um pensamento crítico e aberto à discussão. Tinha por principal tribuna a Escola de Serviço Social de Pernambuco, apesar de ser professor de História e Filosofia da Educação na Universidade do Recife (Escola de Belas-Artes). A Escola de Belas-Artes logo viria a ser palco de histórico momento na vida intelectual de Paulo Freire. Mas, nos anos 50, a Escola de Serviço Social, até mesmo por sua natureza, era para Paulo Freire o que a Escola de Belas-Artes jamais poderia ser: um campo onde a experiência do Sesi e outras experiências políticas, porque pedagógicas e sociais, eram objeto de ensino e de intercâmbio.

Onde estivesse, a participação de Paulo Freire era inovadora. Assim o foi em sua prática docente universitária; nos Círculos de Pais e Professores, realizados na Paróquia de Casa Amarela; no Sesi.

Até o ponto em que pude acompanhar sua atividade no Sesi, onde foi diretor da Divisão de Educação e Cultura e, posteriormente, superintendente, Paulo Freire "viveu" as preposições de modo inusitado e participativo. Não estava na moda falar-se de "cogestão". Mas, no Sesi, Paulo Freire iniciou a vivência de *administrar com*, ultrapassando o *para*, cujo conteúdo se associava a uma atitude benevolente do *doador*. Paulo Freire desenvolveu no Sesi uma inovadora prática de administração participativa, somente superada, nos anos 50, pela também inovadora ação do engenheiro Pelópidas Silveira, na Prefeitura da cidade do Recife.

Além disso, havia a Ação Católica. Criada para ser "a participação dos leigos no apostolado hierárquico da Igreja", a Ação Católica abrigou conservadores, em grande parte egressos das congregações marianas e das filhas de Maria, muitos deles de tendência integralista. Mas abrigou, igualmente, católicos críticos, familiarizados com a literatura francesa pertinente, informados sobre a renovação de pensamentos e de atitudes, identificada, por exemplo, nas experiências dos padres operários e de comunidades, como a de Boimondeau.

As experiências de Boimondeau e dos primeiros *kibutzin* de Israel serviram de modelo e inspiração para nos reunirmos a Germano e Norma Coelho, em um projeto de vida em comunidade: a Comunidade de Camaragibe. Integrávamos o projeto/sonho de Germano e Norma, que veio a ser também nosso, os casais — ou futuros casais — Sylvio e Liana Loreto, Cyro e Rejane de Andrade Lima, Geraldo e Ângela Vieira, Marcello e Beatriz de Vasconcellos Coelho, eu (então solteiro) e o padre Daniel Lima. No estatuto constavam ainda os nomes de Samuel e Myriam Mac-Dowell entre os fundadores. Dificuldades, cuja discussão não cabe no presente contexto, impediram a concretização da Comunidade. Registro aqui o projeto da Comunidade de Camaragibe por ter sido mais um indicador do clima de inquietação e busca que nos envolvia e da atualidade em que éramos atores nos anos 50. *Não me recordo até que ponto Paulo Freire se interessou pelo projeto da Comunidade de Camaragibe. Em todo caso, não participou de nossas reuniões.*

Voltando à Ação Católica, substituía-se o modelo dogmático da meditação em referência a ensinamentos inquestionáveis, quando o papel dos fiéis era o de recepção passiva das lições, quando os fiéis eram sempre menores, por um novo modelo participativo, quando se passava da meditação à ação: *ver, julgar e agir*. Posto em prática este novo modelo, não se eliminava um núcleo mínimo de dogmas nem a hierarquia abria mão do poder de conter os desvios dos caminhos doutrinários, no caso de afastamentos inquietantes. Não obstante, a maioridade dos leigos seria agora dificilmente controlável.

Além disso, o lema *ver, julgar e agir* implicava substituição do ideal de submissão à suposta vontade de Deus, no tocante às diferenças econômicas, sociais e de acesso à educação entre as diversas camadas da população, pelo ideal de mudanças e de participação nas mudanças. Note-se que, a par de ter sido a Ação Católica uma organização de adultos, fiéis bem sintonizados com a autoridade hierárquica da Igreja, foi, igualmente, uma organização de jovens, que aspiravam a um maior grau de autonomia para pensar e agir. Um movimento que atingiu praticamente todos os campos de ação. Não apenas a Juventude Universitária Católica (JUC), que reunia estudantes de escolas superiores, portanto, representantes das elites em formação, mas também a juventude agrária, na JAC, integrada pelos que trabalhavam no campo; a juventude estudantil (JEC), pelos alunos de ginásios e colégios; a juventude operária (JOC); e, para contemplar os adultos não incluídos nas categorias anteriores, a juventude independente católica (JIC).

Fui militante da JUC entre 1951 e 1953, ano em que exerci sua presidência JUC em Pernambuco. *Quando a JUC teve início no Recife, Paulo Freire não era mais estudante.*

O lema *ver, julgar e agir*, ainda que à luz dos ensinamentos da Igreja, nos conduzia a posicionamentos políticos que se complementavam. Inevitavelmente, conduzia à luta pela restauração — ou instauração — da justiça social. Penso que quem, naqueles anos, se envolveu com seriedade na Ação Católica, permanecendo ou não católico praticante, dificilmente aceitará com ingenuidade um sistema de vida ou trabalho não participativo. Poderá suportá-lo. Ou, matreiramente, poderá estimulá-lo, em benefício próprio, o que é outra questão. Em todo caso, o conceito implícito de participação não era nem continuou a ser uniforme. Ex-jucistas houve e há de esquerda e de direita, progressistas e conservadores.

Em 1955, por iniciativa de Carlos Maciel, foi criado o Centro de Cultura e Ação Política. Compunham o quadro de sócios dessa instituição intelectuais, em sua maioria professores universitários: engenheiros, sociólogos, assistentes sociais, educadores... Apesar de existirem fortes divergências internas, estávamos todos sensibilizados pela crença na possibilidade de mudança quanto às práticas políticas e eleitorais. Por princípio, todos buscávamos uma saída política, sem compromisso partidário imediato. Não que se descartasse a possibilidade de futuro comprometimento partidário, como "grupo interno de pressão" (expressão corrente na época). Entretanto, os partidos em evidência naquele momento não inspiravam confiança, apesar de alguns sócios manifestarem uma tendência favorável ao PDC e outros ao PSB. Partiu-se, então, para o estabelecimento de compromissos com pessoas, cujos programas eram aceitos pelo grupo. Desse modo, o Centro de Cultura e Ação Política apoiou as candidaturas de Juarez Távora para presidente da República e do jornalista José Dias da Silva para vereador. O Centro manifestaria também sua simpatia, sem apoio formal, pela candidatura a vereador do engenheiro Antônio Bezerra Baltar.

Além das reuniões internas, realizadas na Escola de Serviço Social de Pernambuco — hoje Departamento da Universidade Federal de Pernambuco (UFPE) —, quando foi discutida uma "proposta de base" a ser apresentada aos candidatos, a ação se fazia sentir por meio de *comícios* e de publicações. Os *comícios* eram, na verdade, encontros de pequenos e médios grupos, realizados em casas de amigos. Deste modo, superava-se o modelo convencional de comícios de massa, a favor de exposições e debates em torno de ideias políticas e da indicação de possíveis candidatos a cargos eletivos. As publicações compreenderam um *manifesto*, um *guia político* e um *boletim*, de saída irregular, denominado *Posições*.

O Centro de Cultura e Ação Política favoreceu expressivas mudanças nas atitudes dos seus membros e, esperava-se, dos participantes dos *comícios*. Inclusive *de* católicos — não, necessariamente, *dos* católicos. Mantinha-se, preponderantemente, posição anticomunista — sem o pânico de outros momentos — ao lado de rejeição do capitalismo. Também, preponderantemente, acreditava-se que se vivia uma fase de transição entre o capitalismo em extinção e a implantação de uma sociedade do trabalho, não marxista, de natureza humanista, democrática e cristã... Uma utopia? Ingenuidade?

Ali estavam pessoas com alguns pontos em comum e outros tantos de divergências. Ingenuamente, não percebíamos a inviabilidade quanto a se manter uma ação comum prolongada, quando os laços que nos uniam limitavam-se a valores morais. De outra parte, estávamos separados por posicionamentos filosóficos, ideológicos e, no fundo, por divergentes expectativas políticas. Entre nós havia pessoas que, após o golpe de 1964, exerceriam cargos que implicavam a confiança dos mentores do golpe, à maneira de Carlos Maciel.[58] Ali havia, igualmente, aqueles cujo pensamento os levaria ao MEB (Maria de Lourdes Albuquerque Fávero), ao MCP (Anita Paes Barreto, Sylvio Loreto, Maria José Baltar, entre outros) e à prática política, ao lado de Miguel Arraes (Fernando de Vasconcelos Coelho). Sócios outros havia cujo interesse predominante era identificar candidatos a cargos eletivos com programas que merecessem ter seus nomes sufragados nas urnas.

Durante um ano, sob a motivação de eleições presidenciais e municipais, o Centro de Cultura e Ação Política teve uma existência produtiva e dinâmica. Foram, então, publicados oito números de *Posições*. Entretanto, obstáculos concretos e previsíveis tornaram insustentável sua continuidade. Talvez o mais visível deles tenha sido a interferência da Liga Eleitoral Católica (LEC), que impunha restrições aos católicos e acentuava as divergências, se bem que não fossem estas as mais profundas. Alguns, mesmo a contragosto, acatavam as recomendações da LEC. Outros, inclusive entre os católicos, rebelavam-se contra o que consideravam uma intromissão descabida da Igreja.[59]

Enquanto existiu, predominou entre suas principais lideranças um sentimento de dever. Dever de interferir no processo político nacional e regional, pelo menos no de votar conscientemente e, quanto possível, contribuir para que outras pessoas o fizessem também. Era, pois, um esforço de participação de pessoas, em princípio não alinhadas partidariamente, mas que se atribuíam um papel de orientador, de guia. Por conseguinte, consciente ou inconscientemente, admitiam-se como *elite*.

---

58. Carlos Maciel faleceu precocemente, em março de 1979. Desenvolveu um pensamento pedagógico pessoal e criativo. Honesto, competente, manteve sempre uma conduta digna e intelectualmente coerente. Fomos amigos, trabalhamos harmoniosamente juntos no Centro Regional de Pesquisas Educacionais do Recife, respeitando-nos um ao outro, apesar de, como ele próprio escreveu, discordarmos da maioria das ideias que cada um defendia. Com o golpe de 1964, Carlos Maciel assumiu a presidência do Movimento de Cultura Popular.

59. Em 1960, Carlos Maciel tentou reativá-lo, motivado pela candidatura de Jânio Quadros à Presidência da República. Salvo engano, foi então quase uma extensão do PDC e quase nula a receptividade. Estive presente a uma das reuniões, quando Sebastião Barreto Campelo apresentou suas ideias. Mas já não era possível encontrar pontos de convergência que compensassem o distanciamento político que entre nós existia.

Vários de seus integrantes alcançariam, em breve, posições políticas bem menos ingênuas, atuando, como foi dito acima, no Movimento de Educaçao de Base (MEB) ou no Movimento de Cultura Popular (MCP), assumindo cargos administrativos na Prefeitura ou no Estado, sob a liderança de Miguel Arraes, e disputando eleições. Naquela altura, não se afastavam da norma: atuavam como uma elite, conscientes de sua responsabilidade como elite. Foi um caminho alternativo em 1955. Para alguns, continuou a servir. Não para outros.

Do final dos anos 50 para o início da década seguinte, fatos importantes aconteceram, repercutindo nos planos internacional, nacional e local. No caso do Recife, conduziram a uma das mais envolventes e ricas experiências de participação popular, na construção, crítica e reconstrução da cultura. Viver aquele tempo no Recife foi um privilégio.

No plano internacional, dois fatos devem ser registrados: a revolução cubana e o Concílio Vaticano II. O Concílio, anunciado pelo papa João XXIII em 1959, inaugurado em 1962 e encerrado em 1965, sob o impacto das encíclicas *Mater et Magistra* (1961) e *Pacem in Terris* (1963), propiciou aos católicos, como escrevi em outro texto, certa desinibição em sua ação social e política. Reforçava as mudanças quanto à mentalidade de numerosos católicos, militantes na Ação Católica ou sensibilizados pelas notícias que vinham da França relativas às experiências dos padres operários.

No regional, refletindo em todo o país, aconteceu a instalação da Superintendência de Desenvolvimento do Nordeste (Sudene), no Recife. Em agosto de 1955, o Congresso de Salvação do Nordeste alcançara inegável repercussão política. "Organizado por iniciativa da seção de Pernambuco da Liga de Emancipação Nacional e, segundo Paulo Cavalcanti, idealizado pelo PC", o Congresso de Salvação do Nordeste foi realizado, no Recife, de 20 a 27 de agosto de 1955, contando com "mais de 500 delegados, representando os mais importantes sindicatos, as assembleias legislativas, câmaras municipais, associações profissionais e [...] os Governos de todos os estados do Nordeste" (Soares, 1982, p. 44-5).

A Carta de Salvação do Nordeste, redigida por Paulo Cavalcanti e Souza Barros (Cavalcanti, 1978, p. 235), aprovada pelo plenário do Congresso, é vista por Soares (1982, p. 45) "como expressão de transição entre a concepção desenvolvimentista-industrialista dominante nos anos 50 e os ideários nacionalistas-reformistas em destaque no início da década de 60".

De volta a Paulo Cavalcanti (1978, p. 234), devemos registrar que "não há precedentes em Pernambuco de certame de tão variada composição social". Mais tarde, em 1961, o MCP seguiria idêntico procedimento. Paulo Cavalcanti ressalta ainda que o PCB e nacionalistas de várias tendências lideraram o Congresso.

Empossado como presidente da República em janeiro de 1956, Juscelino Kubitschek proporcionou a criação, sucessivamente, da Operação Nordeste (Openo), da Comissão de Desenvolvimento do Nordeste (Codeno) e, afinal, da Sudene. Lembro que a Openo foi recebida com reservas. Dizia-se: "a Openo é apenas...". A Codeno, em minha percepção, foi encarada de modo mais otimista. Mesmo porque, como observou Francisco de Oliveira em *Elegia para uma Re(li)gião* (1981), à Codeno, criada como uma pré-Sudene, "coube a própria tarefa de elaborar o anteprojeto de lei que instituiria a Sudene". A Sudene, criada em 15 de dezembro de 1959 (Lei n. 3.692), foi a esperança maior.

No plano local, cabe salientar, em primeiro lugar, o papel desempenhado pelo engenheiro Pelópidas Silveira, eleito prefeito do Recife em 1955, no processo de instauração de um inusitado estilo participativo do povo em seu governo. A propósito da administração de Pelópidas Silveira, escreveu Paulo Cavalcanti (1978, p. 258):

> Nunca o povo do Recife fora chamado a cooperar diretamente com os poderes públicos, como então. Muitos planos de urbanismo e engenharia foram enriquecidos com sugestões adequadas, nessas reuniões de técnicos e leigos. Auscultava-se a voz de quantos tivessem o que oferecer ao governo. Nas associações de bairros, totalmente desaparecidas — transformadas em *casos* de polícia pelo atual Sistema — não se cuidava somente de assuntos materiais, despertando no povo novas experiências de vida política. [...] Criou-se no povo a consciência de sua força, que se tornava mais viva à medida que tomava conhecimento dos problemas do governo, das possibilidades administrativas ou de suas dificuldades.

Não participei nem acompanhei de perto a administração do prefeito Pelópidas Silveira. Por conseguinte, não poderia apresentar um depoimento com a força do que registro, transcrevendo a longa citação de Cavalcanti.

Em segundo lugar, impõe-se a referência a Miguel Arraes de Alencar, prefeito do Recife em 1959 e governador do estado de Pernambuco em 1963. Arraes foi, sem favor, o principal fator da existência e sobrevivência do Movimento de Cultura Popular (MCP) até o golpe político-militar de 1964.

3. Os Anos 60

O que aconteceu no Recife, de 1960 a 1964, foi a eclosão de um movimento que existia latente, que se desenvolvia, de modo concreto, a partir dos anos 50 e encontrava raízes na tradição libertária de Pernambuco, de modo particular na Faculdade de Direito do Recife. Desenvolvia-se, também concretamente, na organização política partidária, com a constituição da Frente do Recife.[60]

Desde logo, não vejo o caso do Recife como um fenômeno isolado. Na verdade, foi uma experiência brasileira, com muito de nordestina e do clima cultural de Pernambuco e de sua capital. Neste estado haviam nascido as Ligas Camponesas, fundadas e sob a liderança de Francisco Julião, que defendia a reforma agrária, "na lei ou na marra".

Como separar a história do MCP da história do MEB? Da campanha De Pé no Chão Também se Aprende a Ler? Do CPC? Dos Seminários Nacionais da Reforma Universitária, promovidos pela UNE?[61] Destaco um caso, o que conheço.

Assim, focalizando Recife, entendo que as ideias encontravam eco, as propostas comprometiam as pessoas porque elas já estavam comprometidas. Penso que, para muitos de nós, mais fácil terá sido suportar, psicologicamente, a violência do golpe de 64 do que teria sido o conflito entre a consciência do que havia a fazer e a comodidade passiva de não haver tentado.

De 1960 a 1964, Recife pode ser considerada como um laboratório, onde se desenvolveu um experimento único: hoje, talvez, se falasse em pesquisa participativa ou pesquisa-ação... O fato é que a cidade, naquele período, *foi* um laboratório. Claro, o experimento não poderia se encaixar nos cânones positivistas. Nem se precisaria disto. Seguiu, *enquanto experimento*, sem planejamento ortodoxo. Sem definição de

---

60. No que concerne à Frente do Recife, ver Soares (1982).

61. Quanto aos Seminários Nacionais da Reforma Universitária, sugiro a leitura de M. de Lourdes de A. Fávero, *A UNE em tempos de autoritarismo* (1995).

objetivos nem de hipóteses. Sem deliberada construção de instrumentos. Sem caracterização de amostra, nem sorteio aleatório, nem controle das variáveis...

As mudanças foram acontecendo. A Sudene — a Sudene dos primeiros tempos — reforçava o ideal de uma elite intelectual, cada vez mais incomodada com o rótulo de elite, em grande parte seduzida pelo poder da tecnocracia. Poder tecnocrático deliberadamente comprometido com a mudança em processo, exercido, predominantemente, por jovens egressos dos cursos de Técnicos em Desenvolvimento Econômico (TDE). Normas consuetidinárias tradicionais eram rompidas. Eram quase *fedelhos*, como Nailton Santos,[62] competentes, mas, não raro, debochados, quem emitia pareceres e decidia sobre os projetos dos catedráticos. Onde já se viu tamanha "subversão"?

As mudanças foram acontecendo. A Universidade do Recife contava, havia dez anos, com Paulo Freire na condição de professor, em tese, convencional, apesar de seu discurso inovador ser cada vez mais provocativo, por seu conteúdo crítico e profético.

Em 1959, preparava-se para concorrer à cátedra de História e Filosofia da Educação, que ocupava interinamente na Escola de Belas-Artes da Universidade do Recife. Sua tese, *Educação e atualidade brasileira*, com apoio bibliográfico em estudos históricos, sociológicos, educacionais e políticos, expunha um pensamento original, ponto de partida para a elaboração de uma obra pedagógica que alcançaria repercussão praticamente mundial.

Realizado o concurso em 1960, Paulo Freire obteve o segundo lugar, perdendo a cátedra para a professora Maria do Carmo Tavares de Miranda, cuja tese, *Pedagogia do tempo e da história*, teve como objetivo "estudar a contribuição do povo hebreu, seu aspecto filosófico e histórico, para uma teoria da formação humana" (Miranda, 1959, p. 64).

---

62. Nailton Santos, baiano radicado no Recife, a partir de 1961 dirigiu o Departamento de Assistência Técnica (DATF) na Sudene. Por sua competência e simpatia, fez da ousadia e juventude um instrumento de liderança, atuando com desenvoltura entre pesquisadores e cientistas. Em convênio com a Universidade do Recife, ajudei a implantar, no DATF, um Setor de Assistência Técnica de Nível Superior. Posteriormente, no Instituto de Ciências do Homem, cuja organização coordenei na mesma Universidade, dirigi um programa de orientação de estudantes universitários, bolsistas da Sudene. Após 1964, trabalhou na Unesco, em Paris, e no Unicef, em Angola. De volta ao Recife nos anos 80, entre outras atividades, foi secretário de Estado no segundo governo de Arraes e assessor do reitor da Universidade Católica de Pernambuco. Faleceu em 1998.

O concurso e a derrota representaram eventos singularmente importantes. Em primeiro lugar, porque a preparação para o concurso o obrigou a organizar e a sistematizar suas ideias. A repensá-las, à luz de sua experiência acumulada. À luz de isebianos, como Vieira Pinto, Roland Corbisier, Hélio Jaguaribe, Guerreiro Ramos. De Zevedei Barbu, cujo ensaio *Democracy and dictatorship*, tão intensamente o marcou. De analistas clássicos da realidade brasileira, não apenas dos Antonil, Rugendas, Manoel da Nóbrega, Saint-Hilaire, Ina von Binzer. Também de contemporâneos, igualmente clássicos, à maneira do Gilberto Freyre, de *Casa Grande e senzala*, e *Sobrados e mucambos*, de Fernando Azevedo, de *A cultura brasileira*, de Caio Prado Júnior, de *Evolução política do Brasil*. São exemplos retirados da bibliografia citada em *Educação e atualidade brasileira*. A construção deste texto levou Paulo Freire a desenvolver uma prática em que seria mestre: *aprender com sua própria história*. A Universidade do Recife passava a contar com um outro Paulo Freire, forjado em sua história de vida, em seu tempo de estudante na Faculdade de Direito e de professor de português no Colégio Oswaldo Cruz. "Testado" no Sesi, nos círculos e encontros com pais da rua Rita de Souza e de outras ruas da cidade do Recife, na Paróquia de Casa Amarela... Agora passava a Universidade a contar com o Paulo Freire do SEC e da Rádio Universidade do Recife.

Em segundo lugar, por ter sido a perda da cátedra que lhe propiciou assumir o SEC e dedicar-se ao MCP.

Finalmente, ganho o concurso, teria havido o desafio do exílio? Sem o desafio do exílio, teria Paulo Freire realizado a obra pedagógica que o projetou para o mundo e o colocou entre os mais importantes educadores do século XX?[63]

Posso testemunhar que o SEC e a Rádio Universidade do Recife foram focos de intensa colaboração entre estudantes e docentes, de saída da Universidade de seus muros, de extensão para audiências não acadêmicas. Talvez o trabalho realizado ali por Paulo Freire tenha sido prejudicado por certa descontinuidade, diante das numerosas viagens que passou a fazer, principalmente a Brasília, quando coordenou o Programa Nacional de Alfabetização do Ministério da Educação e Cultura, cujo titular era então o professor Darcy Ribeiro. Todavia, não disponho de

---

63. Ninguém melhor do que o professor Paulo Freire para responder a essas questões. E o fez com estas sábias e inesquecíveis palavras: *"Perdi a cátedra e ganhei a vida"*.

dados suficientes para fazer uma análise do SEC e da Rádio Universidade do Recife.

Outros exemplos poderão mostrar o que acontecia então na Universidade. Já em 1961, a Universidade do Recife concordava em copatrocinar, juntamente com o MCP — aliás, por iniciativa do reitor —, a remessa de um documento-denúncia que eu elaborara sobre o conteúdo de publicações periódicas em circulação no Brasil, em particular sobre as revistas em quadrinhos.

De outra parte, os debates sobre a reforma universitária passaram a ser feitos com a participação efetiva de docentes não catedráticos e de estudantes. Eram fatos que conduziam ao envolvimento de muitos docentes e estudantes com um novo modelo de universidade, que se acreditava em construção.

De minha parte, desde 1957, quando me iniciei formalmente como instrutor de ensino de Psicologia Educacional[64] na Faculdade de Filosofia de Pernambuco, quase todos os anos renovava proposta de criação de um instituto, centro, gabinete, seção — o que fosse... — de Psicologia, de modo a ser mais útil aos alunos de Pedagogia e Didática. Eram ocasiões para abraços... e "engavetamentos", pela inoportunidade das propostas, de acordo com a avaliação do Conselho Técnico.

Em 1962 foi diferente. Lecionava então na Escola de Belas-Artes, de cujo corpo docente fazia parte o reitor, professor João Alfredo Gonçalves da Costa Lima. Suas aulas eram imediatamente antes das minhas. Em um encontro casual, creio que em setembro, seguiu-se o seguinte diálogo, iniciado pelo reitor:

— Como vai a Psicologia?

— Muito mal. Não sei se a responsabilidade é do reitor. Mas, certamente, é da Universidade.

Falei, então, das propostas frustradas, *que não conseguiam ultrapassar a barreira do Conselho Técnico.*

Retrucou:

— Prepare um novo projeto e, desta vez, me entregue, pessoalmente, na Reitoria.

---

64. Em 1956, como era costume, foi assinada pelo diretor da Faculdade de Filosofia de Pernambuco uma portaria designando-me "instrutor voluntário", o que correspondia a uma modalidade de estágio probatório, sem vencimentos. Permaneci apenas alguns meses como voluntário.

Não cabe aqui pormenorizar o que ocorreu em seguida. Em dezembro estava decidido que seria criado o Instituto de Ciências do Homem, ao lado de outros institutos centrais. O Instituto de Ciências do Homem seria instalado em 1963, constituído pelas seguintes divisões: Antropologia Tropical (Gilberto Freyre), Ciência do Direito (Cláudio Souto), Sociologia (Levy Cruz) e Psicologia (Paulo Rosas).

No ato da instalação, o reitor comunicou que, de acordo com o estatuto, iria designar o coordenador do Instituto. Todos aguardávamos que fosse Gilberto Freyre. Entretanto, Gilberto Freyre adiantou-se e declarou que, se esta fosse a intenção do reitor, não aceitaria, alegando tratar-se de uma experiência nova e preferir aguardar para acompanhar seu desenvolvimento, e somente depois decidir quanto à sua participação ou não das atividades regulares do Instituto. O reitor limitou-se a acatar as razões de Gilberto Freyre e encerrou a sessão.

Ao chegar à minha residência, encontrei uma correspondência da Universidade: designava-me o reitor coordenador do Instituto de Ciências do Homem. Note-se que o ato fora assinado previamente, sem que eu próprio o soubesse, pois o reitor não me fizera nenhum tipo de convite ou consulta.

No dia seguinte procurei o reitor em seu gabinete e lhe perguntei se estava fora de moda convidar as pessoas para assumirem cargos na Universidade. Respondeu-me dizendo que, no caso, havia decidido que assim fosse, porque ele se encontrava em melhor condição do que eu para enfrentar a possível insatisfação de Gilberto Freyre. E acrescentou que eu estava autorizado a comunicar a Gilberto Freyre o ocorrido. Obviamente, diante da sensibilidade do reitor, outro caminho não me restava senão o de calar. Gilberto Freyre faleceu sem saber o que acontecera. Possivelmente ficou magoado ao pensar que eu, não o informando sobre o convite supostamente feito pelo reitor, agira de modo desatencioso, senão desleal, pois eu trabalhara sob sua direção no Centro Regional de Pesquisas Regionais do Recife — como registrei anteriormente — e dele recebera sempre cordialidade e atenção, apesar das divergências de pensamento no plano político.

Menciono este fato não por ter sido eu o designado para coordenar as atividades do Instituto de Ciências do Homem, mas por ter sido escolhido para o cargo um não catedrático e preterido Gilberto Freyre — se bem que ele não tivesse postulado o cargo, mesmo porque este não era o seu feitio. Observo que o ato, sendo assinado antes da sessão de instalação do Instituto, era indicador de uma nova ordem. Perturbava a velha ordem, desequilibrava.

Sei perfeitamente que eu não contava com o amadurecimento científico e a competência acadêmica que a direção de um Instituto de Ciências do Homem exigia. Mas havia consciência deste fato. E logo partimos, os que então fazíamos o ICH, para nos cosermos com nossas próprias linhas, ajudando-nos uns aos outros. De minha parte, muito aprendi do convívio acadêmico com os professores Cláudio Souto, Levy Cruz e, posteriormente, José Antônio Gonçalves de Mello. Mas aprendi também com o conhecimento e a participação dos primeiros alunos e colaboradores.

Teríamos partido para outros voos se nossas asas não tivessem sido cortadas... Apesar das divergências de pensamento político existentes entre nós, penso que o modelo de administração participativa que começava a ser praticado no ICH, envolvendo professores, técnicos não necessariamente docentes e alunos dos primeiros cursos, acarretaria pelo menos novas propostas quanto à distribuição do poder na Universidade. E se essas propostas repercutissem favoravelmente? E se mudanças ocorressem? O clima pré-golpe justificava a hipótese. Isto deve ter sido muito claramente compreendido por pessoas que viam o risco de serem prejudicados seus projetos pessoais de poder. Ao entusiasmo que alimentávamos correspondia igual ou superior estupefação e protestos contra a "subversão" dos valores tradicionais.

Eleito prefeito da cidade do Recife em 1959, Miguel Arraes assumiu o cargo em janeiro de 1960. Em maio do mesmo ano fundou o Movimento de Cultura Popular (MCP), o qual reunia intelectuais, estudantes, povo. Este foi, sem dúvida, o fato mais importante da história da cultura em Pernambuco, naquele tempo.

Alongar-me sobre o MCP seria dar a este artigo uma dimensão que não lhe cabe. Entretanto, saliento a realização do II Congresso Nacional de Educação de Adultos, realizado, como escreveu Moacyr de Góes em *De pé no chão também se aprende a ler*, "sob o impacto das frustrações com os resultados da Campanha de Educação de Jovens e Adultos". O II Congresso Nacional de Educação, lembra Moacyr de Góes, levaria, com a participação de Paulo Freire, a se relacionar analfabetismo e pauperismo; e, se bem que a partir de diferentes ângulos, a Igreja e os remanescentes do antigo PCB também insistiam sobre a mesma tecla: a urgência de se erradicar o analfabetismo, em particular o analfabetismo dos adultos.[65]

No MCP, como, de resto, nos demais movimentos dos anos 60 (MEB, campanha De Pé no Chão Também se Aprende a Ler, CTC...), alfabetização queria dizer *conscientização*. *Conscientização*, palavra-chave no discurso de Paulo Freire. Perguntava-se: alfabetizar, alfabetizar-se, para quê? Deveria haver um motivo importante para justificar o esforço a despender. E este motivo era alfabetizar-se para ler e entender. Pensar e compreender seus problemas, os problemas da camada socioeconômica da qual cada um fazia parte, no contexto da realidade social, econômica e política historicamente vigente. Buscar soluções. Descobrir os obstáculos à consecução das soluções. Identificar os caminhos para romper as amarras que impediam a construção de uma sociedade justa. Assumir um novo papel, *seu* papel na sociedade, como pessoa e como representante de uma camada social, historicamente *oprimida. Para "ler o mundo"*.

Estas eram ideias e expectativas que poderiam ser consideradas linhas de força nos discursos e projetos defendidos no MCP, no MEB e na campanha De Pé no Chão Também se Aprende a Ler.

Paulo Freire diria, com a sensibilidade e a lucidez fundantes de seu pensamento, do pensamento que seria uma das teses condutoras de *Educação e atualidade brasileira: da consciência intransitiva e ingênua para a consciência transitiva e crítica.*

O desenvolvimento do MCP era quase incontrolável. No âmbito do governo do Estado, Arraes ainda prefeito, foi criada uma Fundação da Promoção Social, um movimento que se dizia correlato ao MCP, empregando uma sistemática convencional e conservadora.

Uma vez governador, Miguel Arraes proporcionou ao MCP os meios para sua expansão, emprestando à Fundação da Promoção Social — ago-

---

65. Incluído entre seus fundadores, trabalhei no MCP até 1962, quando o deixei para colaborar na implantação do Setor de Ensino Técnico de Nível Superior, na Sudene, em cumprimento a um convênio entre esta superintência e a Universidade do Recife. No MCP fui responsável pela coordenação de pesquisas, ao lado de Paulo Freire, diretor da Divisão correspondente. Sobre o Movimento de Cultura Popular, fiz uma exposição em uma mesa-redonda organizada pela Anped, na 32ª Reunião Anual da SBPC, Rio de Janeiro, 1980 (Rosas, 1986). Na oportunidade, o professor Moacyr de Góes fez uma exposição sobre a campanha De Pé no Chão Também se Aprende a Ler.

ra com nova orientação, sob a direção de Anita Paes Barreto — objetivos e metodologia semelhantes aos do MCP.

O processo participativo explodia em toda parte. A velha ordem sentia-se, com razão, ameaçada. Alterava-se a importância dos papéis. Os defensores do golpe político-militar de 64 falavam e falam dos riscos de uma "nova Cuba" na América do Sul. Não sei, àquela altura, se uma revolução armada que impusesse uma ditadura de esquerda, comunista ou não, mas ditadura, seria bem assimilada pelo povo. Penso que, psicologicamente, o povo se preparava para pensar, participar, encontrar saídas. Mas acredito que, para as pessoas habituadas ao poder da barganha, seria mais fácil adaptar-se a um regime de esquerda radical, onde estivessem no ostracismo e pelo qual tivessem sido derrotados, do que absorver o modelo participativo de esquerda, preconizada pela, talvez, nova utopia.

A histeria anticomunista voltaria a crescer. Animada por grupos interessados em conter a onda de participação popular em setores cruciais da sociedade — como a educação —, promovendo *marchas da família, com Deus, pela liberdade* (sic), criando organizações como o Instituto Brasileiro de Ação Democrática (Ibad), valendo-se de preciosos recursos financeiros da Usaid, seduzia a classe média com discursos falaciosos, mas eficientes.

Para salvar o Brasil, para salvar Recife da cubanização iminente — era a pregação que se avolumava como maré montante —, outro caminho não havia senão o de acabar com toda aquela desordem. Acabar com aquela aventura "comunistizante" a qualquer custo, ao preço de qualquer violência, até mesmo da violência desnecessária, de modo que se assegurasse o restabelecimento da tranquilidade e da ordem, onde sobrado é sobrado e mucambo é mucambo — como diria, se fosse o caso, Paulo Cavalcanti. É o que se fez.

Mas teria sido inútil o esforço? Teria sido inútil o sacrifício de tantos? Da Sudene de Celso Furtado, o que restaria? Estariam para sempre enterradas as "malditas" ideias? Equivocado é admitir que sim.

Nada é perdido em nossas experiências, em nossas histórias de vida, seja em termos individuais, de pessoas, seja em termos coletivos, políticos e sociais, histórias de movimentos, grupos e entidades. Aqueles anos não foram perdidos. Quem conteve Paulo Freire?

Este depoimento não prescinde da realização de pesquisas que recuperem mais do que lembranças esparsas e incompletas, talvez em parte equivocadas, como as minhas. É necessário pesquisar para avaliar melhor o que ficou dos anos 60. Para avaliar até que ponto valeu a pena a rica, mas difícil, experiência de intercâmbio e de trabalhos realizados por pessoas sensibilizadas pela consciência de ser preciso romper a secular relação entre *opressores e oprimidos*, mas apoiados em diferentes posicionamentos filosóficos, em diferentes humanismos. Até que ponto foram vencidas as idiossincrasias, preconceitos e sectarismos com que todos chegavam para o encontro — apesar do desejo e da crença de terem idiossincrasias, preconceitos e sectarismos ficado para trás. Para avaliar, reconstruir talvez.

Algo, entretanto, é certo. No Recife, dos anos 50 ao início dos 60 houve uma experiência de participação popular no questionamento e na reconstrução da cultura. Como outros já o fizeram, faço minhas as palavras do poeta: "Meninos, eu vi".

4. Referências Bibliográficas

CAVALCANTI, Paulo. *O caso eu conto como o caso foi*: da Coluna de Prestes à queda de Arraes. São Paulo: Alfa-Omega, 1978.

FÁVERO, M. de Lourdes A. *UNE em tempos de autoritarismo*. Rio de Janeiro: Ed. UFRJ, 1994.

FREIRE, Paulo. *Educação e atualidade brasileira*. Recife: Edição do Autor, 1959.

FREYRE, Gilberto. *Problemas brasileiros de antropologia*. Rio de Janeiro: José Olympio, 1959.

_____. *Manifesto regionalista*. Recife: IJNPS, 1976.

GÓES, Moacyr de. *De pé no chão também se aprende a ler*: (1961-1964): uma escola democrática. Rio de Janeiro: Civilização Brasileira, 1980.

MEDEIROS, Adailson. *Ulisses Pernambucano*: um mestre adiante do seu tempo. Brasília: Inep, 1992.

MIRANDA, M. do Carmo Tavares de. *Pedagogia do tempo e da história*. Recife, 1959. (Mimeo.)

OLIVEIRA, Francisco de. *Elegia para uma re(li)gião*: Sindicatos, Nordeste, Planejamento e Conflito de Classes. Rio de Janeiro: Paz e Terra, 1981.

ROSAS, Paulo. Contribuição de Ulisses Pernambucano e seus colaboradores para a psicologia aplicada no Brasil, *Psicologia*, São Paulo, 11 (3), p. 17-33, 1985.

_____. O Movimento de Cultura Popular — MCP. In: *Movimento de Cultura Popular — Memorial* — 19-36. Recife: Fundação de Cultura da Cidade do Recife, 1986.

SOARES, José Arlindo. *A frente do Recife e o governo do Arraes*: nacionalismo em crise — 1955-1964. Rio de Janeiro: Paz e Terra, 1982.

Depoimento II
CONVIVÊNCIA COM MEUS PAIS (1947-64)

Cristina Heiniger Freire

Pediram-me para escrever sobre minha convivência com nossa mãe, Elza Freire, e nosso pai, Paulo Freire, até 1964. Tentarei, pois, neste mergulho no passado, ser o mais fiel possível às minhas lembranças da infância e adolescência.

Quando nasci, já existia Madalena, nossa irmã mais velha, e, um ano depois, veio Fátima, a caçula das três Marias, como dizia a mãe. Joaquim e Lutgardes só nasceriam dez anos mais tarde.

A primeira infância foi, para mim, como para meus pais, um período difícil. Lembro-me de ter sido uma criança muito agressiva e que exigia, constantemente, os cuidados deles. Talvez o fato de ser a filha do meio explique tal atitude.

No entanto, graças à sabedoria de ambos, tudo foi se resolvendo, e pouco a pouco aquela atitude foi se orientando por vias mais saudáveis.

Uma das táticas utilizadas pelo pai foi a de dar-me tesouras e revistas velhas para que as recortasse. Passava, então, horas e horas recortando as tais revistas.

Lembro-me também dele contando-me estórias, onde imediatamente me reconhecia como sendo a personagem principal, pois ele contava minha própria história, ou seja, uma menina que chorava, esperneava, que batia no pai e na mãe.

A alegria de ver-me existir, através do que ele contava, era enorme. Não tenho dúvida que estas "artimanhas" pedagógicas muito me ajudaram a superar a agressividade, deixando-me, ademais, o gosto de ouvir estórias que, por certo, conservo até hoje.

Dessa época, que situaria dos três aos dez anos, ficaram inúmeras e inesquecíveis lembranças. Por exemplo, os passeios com nossa mãe à Praça de Casa Forte permanece como um quadro cujas cores o passar dos anos não conseguiu apagar.

Invariavelmente, após seu trabalho, ela nos levava para ver os peixinhos e comprar amendoim molhado, pipoca... Era também a ocasião de conversar, de contar-lhe como íamos na escola, nossos problemas e curiosidades infantis, o que havíamos feito durante o dia. Era quase um ritual.

Fui crescendo com a certeza de que podia contar com minha mãe, ou seja, sabia que, mesmo trabalhando todo o dia, à tarde ela estava disponível para minhas irmãs e para mim.

Aguardava esses passeios na praça com ansiedade, alegria e esperança. Eles me marcaram de uma maneira muito especial. Por meio deles fui adquirindo segurança e estabilidade, ao mesmo tempo que me sentia amada e querida.

Hoje posso compreender a importância daqueles passeios e o acerto de nossa mãe ao fazê-los. Na relação entre pais e filhos, o fundamental não é a quantidade, e sim a qualidade das horas que os pais dedicam aos filhos.

Nossa relação com eles foi sempre marcada pela qualidade, e não podia ser diferente, pois ambos trabalhavam. A mãe era, naquela ocasião, professora primária e, depois, diretora de um grupo escolar; o pai, professor de Português no Colégio Oswaldo Cruz, assumindo mais tarde a direção do setor de Educação do Sesi, em 1947.

Há, porém, outro gesto do pai que também ilustra o cuidado e o carinho que nos dedicava. Ele tinha por hábito nos ninar para que dormíssemos embaladas por suas canções.

Se deixo deslizar as imagens das lembranças, esta reaparece tal qual quando era menina, resistindo a dormir, pois adorava as canções e a voz de meu pai.

Não me lembro muito bem quando ele deixou de nos ninar, provavelmente um pouco antes de termos sete anos de idade, momento que coincide com um período de grande engajamento social dele e de minha mãe.

Aproximamo-nos do ano de 1957 e tentarei resumir os fatos que marcaram a vida de nossos pais e nossa convivência com eles até 1964.

Desse período, lembro-me que ele tinha muitas reuniões à noite, às quais minha mãe também assistia — levaram-me a algumas delas. Eram os encontros com os trabalhadores do Sesi. Creio que foi a partir de então que fui percebendo que meus pais faziam um trabalho diferente e que minha mãe ajudava seu marido. Fator de orgulho para mim, pois as mães de minhas amigas sequer trabalhavam!

Apesar dos meus dez anos, fui compreendendo e valorizando cada vez mais o trabalho deles. Fui também percebendo que o pai falava para públicos diferentes. Também assistia às suas conferências na Universidade do Recife. Não eram as mesmas pessoas que lá estavam uma semana antes, no Sesi.

A explicação para isto só foi possível muitos anos depois, quando pude compreender que seu trabalho era um só e que ele lutava para dar instrumentos àquele primeiro público, para que um dia ele pudesse dizer sua palavra.

Essa época representou para mim algo importante. Tive que reconhecer que aquele pai que tanto me ninou já não tinha muito tempo para mim. Nossa casa também foi se transformando, muitos amigos visitando meus pais, reuniões etc.

Acho realmente que esse período da vida deles foi um dos mais enriquecedores. Foi também o prelúdio do Método Paulo Freire, onde tudo foi germinando.

Dois acontecimentos aumentaram a alegria de nossos pais: o nascimento de nossos irmãos Joaquim, em 1957, e Lutgardes, em 1958. E, para nós, meninas de onze, dez, e nove anos, foi como ganhar um brinquedo de verdade.

Lembro-me como ajudávamos a mãe a dar banho, trocar fraldas etc. No entanto, tudo indica que nossa ajuda não foi suficiente, pois uma senhora do interior foi contratada para auxiliar nos trabalhos domésticos. Todos a adorávamos; com ela fomos aprendendo as dificuldades da vida daquela região do Brasil. Mulher pobre, sem marido, com duas filhas, que depois vieram também viver conosco. Ela contava estórias para Joaquim e Lutgardes dormirem, porém nós três também as ouvíamos. Joaquim a batizou de "Mãe de Feijão", porque era ela que cozinhava. E assim a chamávamos todos, de mãe.

Em 1957 nos mudamos para Casa Amarela, bairro do Recife, mais precisamente no Jardim Triunfo. Dois anos mais tarde, em 1959, o pai prestou concurso e obteve o título de doutor em Filosofia e História da Educação, defendendo a tese *Educação e atualidade brasileira*.

A partir dos anos 1960, o pai começa a se fazer conhecer fora de Recife. Em 1964 foi convidado, pelo então ministro da Educação Paulo de Tarso Santos, para coordenar o Programa Nacional de Alfabetização, utilizando o Método Paulo Freire.

Esse convite causou muita alegria, mas representou sérias mudanças para nossa família. Fomos morar em Brasília, cidade recém-construída, onde nem árvores existiam. Estudávamos no colégio Elefante Branco. Não houve tempo de fazer amizades, pois ficamos muito pouco nessa cidade. O golpe militar de 1964 levou-nos de volta para o Recife, onde desembarcamos tristes e preocupados com o destino do nosso pai, da nossa família e do povo brasileiro.

Após responder a inquéritos no Rio e no Recife, o pai foi preso em 1964. Grande tristeza para todos nós. Graças à fortaleza da mãe e à ajuda da família, conseguimos vencer esta batalha. A outra foi convencer o pai a se exilar. Ele dizia: "Prefiro vender galinha na feira do que deixar o país". A mãe, com sua grande sabedoria e fortaleza, conseguiu convencê-lo do contrário.

E começa a luta no Rio de Janeiro para encontrar uma embaixada que o acolhesse. Estavam, naquela época, todas repletas de exiliados. Finalmente, com Haroldo, grande amigo da família, conseguiram forçar a porta da embaixada da Bolívia, país onde chegou com outros brasileiros como ele, obrigados a deixarem o Brasil.

Nós ficamos com a mãe, em Recife, enquanto o pai organizava a ida da família. Assim foi. Em 1965, chegamos a Santiago de Chile, para onde o pai tinha ido, após rápida passagem pela Bolívia.

A mudança para Brasília, o golpe militar, a prisão e o exílio do pai, que passou a ser também o nosso, foram acontecimentos que poderiam ter destruído nossa família. No entanto, nosso sofrimento nos uniu ainda mais.

Depois do golpe militar de 1964, a convivência com nossos pais ficou marcada pela dor e pela instabilidade. Tivemos que morar uma temporada com tio Zé, irmão da mãe, em Recife, depois com tia Estela, irmã do pai, em Campos, estado do Rio.

O golpe militar interrompeu e congelou a relação normal da nossa família e a de tantas outras, obrigando-nos a viver numa espécie de parênteses, onde nada coincidia com o que éramos.

Foram momentos difíceis para todos nós, e acredito que cada um o vivenciou de maneira diferente. Pessoalmente, sentia-me como uma planta violentamente arrancada da terra. Este sentimento me acompanhou por muitos anos e só foi diminuindo à medida que fui criando novas raízes, sempre ficando a dúvida do lugar destas raízes...

De algo, porém, tenho certeza. Sem a educação e o tipo de convivência que tivemos com nossos pais teria sido muito mais difícil superar as dificuldades que o golpe de 1964 e, em seguida, o exílio nos acarretaram.

Ainda bem menina, já percebia que tinha pais diferentes para o Recife daquela época. O tratamento deles para conosco era diferente do que minhas amigas tinham com seus pais. Os nossos confiavam em nós, dando-nos responsabilidades, que iam aumentando de acordo com cada fase de nossas vidas.

O pai costumava dizer: "Basta ser pais para errar". Posso compreender que assim o seja. Porém considero que seus acertos foram tantos que até já esqueci seus possíveis erros.

Gostaria de terminar este relato sublinhando precisamente sua inconclusão. É impossível para mim pensar que 1964 terminou. Esse ano foi de tal forma importante que, ainda hoje, mulher feita, sofro as consequências positivas e negativas por ele causadas.

Resta-me agradecer a Gadotti, a Romão e a Lutgardes, meu irmão, a oportunidade que me deram de retroceder no tempo, na minha história. Devo dizer que não foi fácil, foi inclusive doloroso, mas valeu a pena.

Genebra, 30 de abril de 1999.
Cristina Heiniger Freire

PAULO FREIRE

EDUCAÇÃO E ATUALIDADE BRASILEIRA

Tese de Concurso para a
Cadeira de História e Filosofia da Educação na
Escola de Belas-Artes de Pernambuco

À memória de Joaquim Temistocles Freire, meu pai.
A Edeltrudes Neves Freire, minha mãe.

A Elza, minha mulher, cuja colaboração na leitura
deste trabalho foi inestimável.

A Maria Madalena, Maria Cristina, Maria de Fátima,
Joaquim e Lutgardes, meus Filhos.

Nota do Organizador

O texto original de Paulo Freire, publicado em 1959, foi atualizado ortograficamente. Também o foi no sentido das notas, referências bibliográficas, enfim, quanto aos aspectos formais, de acordo com as normas da Associação Brasileira de Normas Técnicas (ABNT).

Paulo colocou todas as referências bibliográficas das citações em notas de rodapé, e as notas explicativas, ao final de cada capítulo. Para facilitar a leitura, posicionamos as referências bibliográficas das citações no corpo do próprio texto, entre parênteses e as notas do final da Introdução e dos capítulos nos rodapés respectivos das páginas em que as notas eram indicadas.

Cabe salientar a facilidade que tivemos na revisão, porque a obra estava, ainda que numa edição do autor e em 1959, impecável quanto à correção. Assim, praticamente nos limitamos a retirar os acentos eliminados no último acordo ortográfico da língua portuguesa.

Dificuldades? Apenas uma: não conseguimos encontrar a referência da nota numerada originalmente como XIII, do Capítulo I, embora seu conteúdo figurasse ao final do capítulo. Localizamo-la, de acordo com a sequência do texto, à página 43, sob n. 18.

Queria registrar meus agradecimentos a Regina Elena Pinto Vieira Ribeiro, pela paciente leitura e revisão dos originais desta edição. Registrar também uma profunda gratidão a todos os membros do Instituto Paulo Freire, Ângela, Padilha, Sônia, Salete e, de modo especial a Valdete, pela sempre obsequiosa e eficiente atenção às solicitações de providências que lhe fiz, para a consecução desta edição. Com destaque especial, registro meu reconhecimento a Sílvia Fonseca Lima, pelo apoio executivo em todo o período de elaboração da organização desta edição de *Educação e atualidade brasileira*.

Meu débito maior, porém, foi com Lutgardes Freire, que compulsou toda a bibliografia consultada pelo pai, para escrever *Educação e atualidade brasileira*, dela retirando tudo o que ele sublinhara, escrevera nas margens como crítica, observações, registros comparativos com outras leituras etc. Com essas anotações de Paulo Freire resgatadas, as pistas para a busca das informações necessárias à contextualização ficaram mais visíveis e mais acessíveis. Ao "Lut", como carinhosamente o chamamos, minha eterna gratidão.

Juiz de Fora, inverno de 2001.
José Eustáquio Romão

Introdução

Ao escolhermos o tema de nosso trabalho, não tivemos a pretensão de esgotá-lo. Por outro lado, a ele não nos inclinamos ingenuamente, julgando-o fácil de ser estudado. Sabíamo-lo, pelo contrário, não só complexo, mas, até certo ponto, perigoso, precisamente pela atualidade. Pelas divergências conceituais que suscita. Pelas posições opostas decorrentes dessas próprias divergências conceituais.

A ele também não fomos ou a ele não chegamos, com ares de "donos". É aspecto que vem sendo debatido ora direta, ora indiretamente, em algumas de suas dimensões, por sociólogos, educadores, economistas e pensadores brasileiros, em estudos, muitos dos quais, objetivos e lúcidos. Animou-nos, antes, o propósito de discutir assunto de importância cada vez maior na problemática nacional. E que está a exigir, por isso mesmo, de todos os que temos uma parcela de responsabilidade na vida brasileira, preocupações sérias. Postura comprometida, de que resulte consciência cada vez mais crítica (v. p. 34) desta problemática. Em realidade, não nos será possível nenhum verdadeiro equacionamento de nossos problemas, com vistas a soluções imediatas ou a longo prazo, sem nos pormos em relação de organicidade com nossa contextura histórico-cultural. Relação de organicidade que nos ponha imersos na nossa realidade e de que emerjamos criticamente conscientes. Somente na medida em que nos fizermos íntimos de nossos problemas, sobretudo de nossas causas e de seus efeitos, nem sempre iguais aos de outros espaços e de outros tempos, ao contrário, quase sempre diferentes, poderemos apresentar soluções para eles.

O problema educacional brasileiro, de importância incontestavelmente grande, é desses que precisam ser vistos organicamente. Precisam ser vistos do ponto de vista de nossa atualidade. No jogo de suas forças, algumas ou muitas dentre elas, em antinomia umas com as outras.

Todo planejamento educacional, para qualquer sociedade, tem que responder às marcas e aos valores dessa sociedade. Só assim é que pode funcionar o processo educativo, ora como força estabilizadora, ora como fator de mudança. Às vezes, preservando determinadas formas de cultura. Outras, interferindo no processo histórico, instrumentalmente. De qualquer modo, para ser autêntico, é necessário ao processo educativo que se ponha em relação de organicidade com a contextura da sociedade a que se aplica.

Tornemo-nos mais claros. A possibilidade humana de existir — forma acrescida de ser —, mais do que viver, faz do homem um ser eminentemente relacional. Estando nele, pode também sair dele. Projetar-se. Discernir. Conhecer.

É um ser aberto. Distingue o ontem do hoje. O aqui do ali. Essa transitividade do homem faz dele um ser diferente. Um ser histórico. Faz dele um criador de cultura. A posição que ocupa na sua "circunstância" é uma posição dinâmica. Trava relações com ambas as faces de seu mundo — a natural, para o aparecimento de cujos entes o homem não contribui mas a que "confere uma significação que varia ao longo da história" (Corbisier, 1956, p. 190) e a cultural, cujos objetos são criação sua.

A posição do homem, realmente, diante destes dois aspectos de sua "moldura", não é simplesmente passiva. No jogo de suas relações com esses mundos ele se deixa marcar, enquanto marca igualmente.

Ao se estudar o comportamento do homem, a sua capacidade de aprender, a licitude do processo de sua educação, não é possível o esquecimento de suas relações com sua ambiência. Disto ressalta a sua inserção participante nos dois mundos, sem, todavia, a sua redução a nenhum deles. A sua inserção no mundo da natureza, pelas suas características biológicas. A sua colocação no cultural, de que é criador, sem a sua redução a um objeto de cultura (Siches, 1956, p. 110 ss.).

A hipertrofia de um desses aspectos, com a redução do homem a seu ângulo, tem dado origem a exageros de interpretação do comportamento humano. Mas, participando dos dois mundos de seu contorno e não se reduzindo a nenhum dos dois, não será explicado o homem, por outro lado, como um ser superposto a essa realidade dupla.

Não há, portanto, como admitirmos a existência de um homem totalmente não comprometido diante de sua "circunstância". É condição de sua própria existência o seu compromisso com essa "circunstância" em que inegavelmente aprofunda suas raízes e de que também inegavelmente recebe cores diferentes.

É neste sentido que se pode afirmar que o homem não vive autenticamente enquanto não se acha integrado com a sua realidade. Criticamente integrado com ela. E que vive vida inautêntica enquanto se sente estrangeiro na sua realidade. Dolorosamente desintegrado dela. Alienado de sua cultura.

A relação de organicidade a que nos referimos implica a posição cada vez mais conscientemente crítica do homem diante de seu contexto para que nele possa interferir. Não há organicidade na superposição, em que existe a possibilidade de ação instrumental.

Da mesma forma, a organicidade do processo educativo implica a sua integração com as condições do tempo e do espaço a que se aplica para que possa alterar ou mudar essas mesmas condições. Sem esta integração o processo se faz inorgânico, superposto e inoperante.

Deste modo, preocupa-nos, predominantemente, a indagação das marcas mais acentuadas de nossa atualidade com que teremos de sintonizar nossa educação. Entre elas, a da incoercível tendência para a nossa democratização política e cultural. Democratização, porém, que vem sendo comprometida por uma série de pontos de estrangulamento dentro de nossa atualidade.

Quais sejam estes ou alguns destes pontos, representados em antinomias contidas na atualidade brasileira, nos parece fundamental e prévio ao nosso agir educativo. Este, na verdade, talvez tenha aí a sua mais importante tarefa na sociedade brasileira em transição. Talvez tenha, na diminuição dessas antinomias e até na sua extinção, a sua maior tarefa. Tarefa, infelizmente, até agora, pouco ou quase nada executada, em todos os seus aspectos.

Daí a cada vez maior inoperosidade de nossa educação, em desarmonia com a nossa realidade ou com aspectos mais gritantes desta realidade.

A uma sociedade que se industrializa e se democratiza, como a nossa, insistimos em oferecer uma educação intensamente verbal e palavrosa. Educação que se faz, como acentuaremos mais adiante, um dos obstáculos ao nosso desenvolvimento econômico, bem como à nossa democratização.

A uma sociedade que se democratiza, insistimos em oferecer, não uma educação com que "visássemos à formação de todos os brasileiros para os diversos níveis de ocupação de uma democracia moderna, mas tão somente à seleção de um mandarinato das letras, da ciências e das técnicas" (Teixeira, 1957, p. 48 e 49), afirma um dos mais lúcidos educadores brasileiros atuais, o professor Anísio Teixeira, em quem o educador se harmoniza com o pensador e o cientista social.

Não temos apontar a nossa "inexperiência democrática", responsável por tantas manifestações de nosso comportamento, como a matiz desta educação desvinculada da vida, autoritariamente verbal e falsamente humanista, em que nos desnutrimos.

É que a vinculação com a realidade circunstancial, que daria a nosso processo educativo aquele sentido já referido e a que mais adiante nos reportaremos, de organicidade, repousa, antes de tudo, numa atitude: a democrática, permeável, crítica, plástica.

Por outro lado, a superposição do processo educativo, a que igualmente nos referiremos mais a vagar e que vem caracterizando o nosso agir educacional e fazendo-o verbalista, nocional, implica também uma atitude: a rigidamente autoritária, perigosamente acrítica, vertical, "assistencializadora".[1]

É este gosto da verticalidade, do autoritarismo, enraizado em nossas matizes culturológicas, que refletem a nossa "inexperiência democrática", em que outro lugar deste trabalho detidamente tratada, que nos faz insistir, mais do que tudo, neste centralismo asfixiante em que nos debatemos.

> A grande reforma da educação, afirma Anísio Teixeira, é, assim, uma reforma política, permanentemente descentralizante, pela qual se criem nos municípios os órgãos próprios para gerir os fundos municipais de educação e os seus modestos mas vigorosos, no sentido de implantação local, sistemas educacionais (Teixeira, 1957, p. 56).

Esta descentralização, de que resultaria, forçosamente, um crescente encontro entre o planejamento educacional e as condições locais e

---

1. Ver nota à p. 28 sobre o conceito de "Assistencialização".

regionais, é que daria ao processo educativo brasileiro o sentido de organicidade de que tanto se ressente ele. Citemos mais uma vez o mestre Anísio Teixeira: "está claro", diz ele, "que essa escola, nacional por excelência, a escola da formação do brasileiro não pode ser uma escola imposta pelo centro, mas o produto das condições locais e regionais, planejada, feita e realizada sob medida, para a cultura da região, diversificada, assim, nos seus meios e recursos, embora una nos objetivos e aspirações comuns" (*id., ib.*, p. 52).

Centralismo, verbalismo, antidialogação, autoritarismo, "assistencialização" são manifestações de nossa "inexperiência democrática", conformada em atitudes ou disposições mentais, constituindo, tudo isso, um dos dados da nossa atualidade. Dos mais fortes. Dos mais presentes. Dos mais perturbadores do ritmo de nossa democratização, outro dado de nossa atualidade, situado mais no hoje desta atualidade.

Por isso mesmo é que insistimos tanto, os brasileiros, em termos teóricos, na necessidade da descentralização educativa, sempre estrangulada pelo autoritarismo, que empresta ao centro ou aos centros, força messianicamente salvadora e, assim, protecionistamente antidemocrática, e continuamos hipertrofiadamente centralizados. Por isso mesmo é que falamos tanto, em termos teóricos, na necessidade de uma vinculação da nossa escola com a sua realidade local, regional e nacional, de que haveria de resultar a sua organicidade e continuamos, na prática, a nos distanciar dessas realidades todas e a nos perder em tudo o que signifique antidiálogo, antiparticipação, antirresponsabilidade. Antidiálogo do nosso educando com a sua realidade. Antiparticipação do nosso educando no processo de sua educação. Antirresponsabilidade a que se relega o nosso educando na realização de sua própria vida. De seu próprio destino.

> O livre exame, o espírito de análise e de crítica, afirma Fernando de Azevedo, referindo-se às marcas profundas em nós deixadas pela educação jesuíta, a paixão da pesquisa e o gosto da aventura intelectual, que apenas amanheciam na Europa, teriam sem dúvida alargado o nosso horizonte mental e enriquecido, no campo filosófico, a nossa cultura que ficou sem pensamento e sem substância, quase exclusivamente limitada às letras (Azevedo, 1958b: III, 26).

"O espírito de análise e de crítica", "a paixão das pesquisa", o debate, o diálogo, de que tanto carecemos na nossa formação histórico-cultural, nos teriam dado, não há dúvida nenhuma, postura diferente.

Um dos grandes problemas de nossa educação atual, cada vez mais devendo endereçar-se no sentido da nossa democratização, é, por isso, o de superar esta quase exclusiva centralização na palavra, no verbo, nos programas, no discurso.

Esvaziar-se desse verbalismo todo e fazer-se democrática. O seu grande problema está realmente em mudar. Em vencer aquele autoritarismo anotado e, ajustando-se às condições faseológicas de nosso processo, ajudar a nossa democratização.

Estes, entre outros, são aspectos que pretendemos debater e até repisar. Debater, tanto quanto possível claramente, no nosso corpo de trabalho. Trabalho de que algumas das suas fundamentais afirmações, é interessante que ressaltemos, se acham vinculadas às experiência que tivemos por mais de oito anos consecutivos à frente da divisão de educação e cultura do Serviço Social da Indústria (Sesi) de Pernambuco e de dois na sua Superintendência.

Nas idas e vindas de nossa experiência, retificamos afirmações livrescas. Ratificamos pontos de vista. Foram anos de "convivência", quase diária, e direta, com problemas educacionais e sociais, nunca vistos por nós como se fossem soltos ou desmembrados do tecido mais amplo de nossa contextura. Das condições faseológicas brasileiras e não apenas pernambucanas ou nordestinas, se bem que nunca tivéssemos esquecido essas imediatas condições. Sempre vistos, pelo contrário, inseridos nesta contextura e nestas condições faseológicas.

A partir de nossa "convivência" com problemas educacionais e sociais pernambucanos e não só urbanamente recifenses, fomos alongando as nossas preocupações, ligadas a esses problemas, ao Nordeste e a outras áreas do país.

Interessou-nos sempre, e desde logo, a experiência democrática através da educação. Educação da criança e do adulto. Educação democrática que fosse, portanto, um trabalho do homem com o homem, e nunca um trabalho verticalmente do homem sobre o homem ou assistencialistamente do homem para o homem, sem ele.

Trabalho, qualquer dos dois, sobre ou simplesmente para o homem, intrinsecamente antidemocrático. Antidemocracia representada na irresponsabilidade a que se relega o homem, sem voz e sem ação, inserido assim dolorosamente mudo no processo. Mudo e quieto diante de uns tantos que, só eles, podem e sabem falar. Mudo e quieto, recebendo as coisas dos que, só eles, sabem pensar e fazer.

A nossa experiência, quer à frente da Divisão de Educação e Cultura da referida instituição, quer, sobretudo, à frente da sua Superintendência, foi toda uma experiência de ação democrática. De tentativa de promoção da consciência predominantemente transitivo-ingenual (v. p. 32-34) de nosso homem proletário para a crítica, amplamente permeável, com que ele se inserirá autenticamente no processo de democratização política e cultural do país.

Cada vez mais nos convencíamos ontem e nos convencemos hoje, de que o homem brasileiro tem que ganhar a consciência de sua responsabilidade social e política, existindo essa responsabilidade. Vivendo essa responsabilidade. Participando. Atuando. Ganhando cada vez maior ingerência nos destinos da escola de seu filho. Nos destinos de seu sindicato. De sua empresa, através de agremiações, de clubes, de conselhos. Ganhar ingerência na vida de seu bairro. Na vida de sua comunidade rural, pela participação atuante em associações, em clubes, em sociedades beneficentes. Assim, não há dúvida, iria o homem brasileiro aprendendo democracia mais rapidamente. Assim é que conseguiríamos introjetar no homem brasileiro o sentido de nosso desenvolvimento econômico, fazendo-o, desta forma, participante desse processo e não apenas espectador dele. Problema em que lucidamente vêm insistindo, de modo geral, os professores do Instituto Superior de Estudos Brasileiros (Iseb), nem sempre bem compreendidos na sua "ideologia do desenvolvimento".[2] Este é quase o título de estudo ligeiro, mas ao mesmo tempo sério e profundo de um dos mais autênticos mestres daquele instituto, o professor Álvaro Vieira Pinto.

Se há um saber que só se incorpora ao homem experimentalmente, existencialmente, este é o saber democrático. Saber que pretendemos, às vezes, os brasileiros, na insistência de nosso gosto intelectualista, transferir ao povo, nocionalmente.

A nossa experiência, por isso que era democrática, tinha de se fundar no diálogo, uma das matrizes em que nasce a própria democracia.[3]

Diálogo da instituição com o operário, seu cliente, através de seus clubes recreativos e educacionais. Dialogação[4] que representava uma

---

2. O título da obra é *Ideologia e desenvolvimento nacional*.
3. "The essence of democracy is human dialogue" (Barbu, 1956, p. 9). ["A essência da democracia é o diálogo humano" (Tradução do organizador desta edição, que a partir de agora será referida como T. do O.).]
4. Ver, p. 28, nota sobre conceito de dialogação.

cada vez maior participação do operário na vida da instituição a que se ligava e com que sobretudo aprenderia a ver a coisa pública através de outras perspectivas.

Teríamos, então, de nos servir de toda a força democratizadora do diálogo, com que evitássemos e superássemos o perigo do alongamento da assistência prestada ao operário pela instituição, em assistencialismo. Assistencialismo que deforma o homem. Que "domestica" o homem.

O seu grande perigo está na violência do seu antidiálogo que, impondo ao homem mutismo e passividade, não lhe oferece condições especiais para o desenvolvimento ou a abertura de sua consciência que, nas democracias, há de ser cada vez mais crítica. Sem esta consciência cada vez mais crítica, a que nos referiremos mais adiante, não é possível ao homem ajustar-se à sociedade atual, intensamente cambiante. Daí as relações do assistencialismo com a massificação, de que é a tempo efeito e causa.

O que importa, realmente, ao se ajudar o homem é "ajudá-lo a ajudar-se". É promovê-lo. É fazê-lo agente de sua própria recuperação. É, repitamos, pô-lo numa postura conscientemente crítica diante de seus problemas e dos problemas de sua comunidade.

O assistencialismo, ao contrário, é uma forma de ação que rouba ao homem condições à consecução de uma das necessidades fundamentais da alma humana — a responsabilidade.

> La satisfacción de esta necesidad, afirma Simone Weil, referindo-se à responsabilidade, exige que un hombre tenga que tomar a menudo decisiones en problemas, grandes o pequeños, que afectan intereses ajenos a los suyos propios, pero con los cuales se siente comprometido (Weil, 1954, p. 31).[5]

É exatamente por isso que a responsabilidade é um dado existencial. Daí não poder ser ela incorporada ao homem intelectualmente, mas vivencialmente.

No assistencialismo não há responsabilidade. Não há decisão. Só há gestos que revelam passividade e "domesticação" do homem. Gestos e atitudes.

---

5. "A satisfação dessa necessidade", afirma Simone Weil, referindo-se à responsabilidade, "exige que um homem tenha que tomar, amiúde, decisões sobre problemas, grandes ou pequenos, que afetam interesses alheios aos seus próprios, mas com os quais se sente comprometido". (T. do O.)

É esta falta de oportunidade para a decisão e para a responsabilidade participante do homem, característica do assistencialismo, tão do gosto nacional, que faz de suas soluções um compromisso à nossa democratização e ao nosso desenvolvimento econômico. Soluções assistencialistas que satisfazem tanto às tendências verticais daqueles que "se proclamam democratas de uma estranha democracia sem povo que a atrapalhe e perturbe" (Menezes, 1956, p. 126).

Na verdade, quanto mais deixemos o nosso homem mudo e quieto, fora do ritmo de nosso desenvolvimento a que se liga estreitamente a nossa democratização, tanto mais obstaremos o desenvolvimento e a democratização.

Daí, toda a ênfase de nossa experiência à frente do Sesi ter recaído no chamamento do operário ao debate, não só dos seus, mas dos problemas comuns. Dos problemas do seu bairro. De sua cidade.

Ao debate das dificuldades da instituição de que se foi fazendo íntimo e, mais do que isso, ou mesmo por causa disso, a cujas soluções foi juntando o seu esforço. O seu trabalho, que aí se infundindo, dia a dia, de um sentido socialmente responsável.

Não foram isolados os exemplos de clubes de operários ligados ao Sesi e funcionando nas dependências dos núcleos sociais da instituição,[6] que se puseram em disponibilidade para cooperar na solução de problemas que, antes, eram considerados de responsabilidade exclusiva do Sesi. Erradamente exclusiva, acrescente-se.

Aliás, entre nós, um trabalho assim, do homem com o homem, se nos afigura duplamente importante, face à nossa atualidade. De um lado, porque, só assim, não apenas nos poremos organicamente com relação à nossa atualidade, respondendo à já referida crescente democratização do país, a cujo impulso ajudaremos, mas, também, porque ofereceremos ao homem brasileiro oportunidades de experiências realmente democráticas. De outro lado, porque criaremos circunstâncias capazes de nos resguardar dos perigos da massificação, ou da mentalidade de massas, associada à industrialização.

Así, pues, afirma categoricamente Mannheim, sólo una educación consciente de las necesidades de una sociedad de masas, que se enfrente cons-

---

[6]. O Sesi de Pernambuco trabalha descentralizadamente. Presta a sua assistência através de núcleos sociais situados em zonas operárias da capital e do interior do Estado.

cientemente a los problemas de la seguridad del "ego", y el arraigamento de las personas podrá crear personalidades capaces de detener el crescimento de la mentalidad de masas. Concluindo no mesmo tom: El método consiste en volver a descubrir los efectos educativos de los grupos primarios, en crear dichos grupos alli donde no existan (centros comunales, centros de salubridad comunal) y en subrayar su continuidad y su utilidad (Mannheim, 1953, p. 293).[7]

A autenticidade que atribuímos à nossa experiência — que não foi só nossa, mas de um grupo de auxiliares também, grupo pequeno, mas bem centrado no problema, e igualmente do então presidente da instituição, o industrial Sebastião de Holanda Cavalcanti — repousa, sobretudo, no fato de ter sido uma experiência de educação social, em relação de organicidade com nossa atualidade. Experiência que oferecia ao homem proletário oportunidades para a sua participação.

Falsa e perigosa, face ao sentido de nosso hoje, será toda ação que pretenda conservar o homem brasileiro de braços cruzados, como se pudesse ser ele ou continuar a ser um simples espectador do processo histórico nacional, e não um, cada vez maior, participante deste processo. Infelizmente, esta posição, na verdade comprometedora de nossa promoção democrática, vem sendo a constante de comportamento das instituições de assistência social, para citar só elas, chamadas às vezes de serviço social um tanto deslocadamente. Sejam públicas ou privadas, entre nós.

Já era tempo, aliás, de estas instituições se centrarem na nossa realidade e perceberem, assim, o desserviço que vêm prestando à nossa democratização, não porque possam deter ou anular a sua marcha, mas porque podem dificultá-la.

Cada vez mais compreendemos menos a hipertrofia dessas instituições assistenciais, perigosamente alongadas em assistencialistas, levando-as a resolver os problemas de seus clientes, de seus "assistidos", digamos melhor, quando resolvem, sem sua colaboração. Sem consul-

---

7. "Assim, pois", afirma categoricamente Mannheim, "somente uma educação consciente das necessidades de uma sociedade de massas, que enfrente conscientemente os problemas da segurança do 'ego' e a estabilidade das pessoas poderá criar personalidades capazes de deter o crescimento da mentalidade de massas". Concluindo no mesmo tom: "O método consiste em voltar a descobrir os efeitos educativos dos grupos primários, em criar tais grupos onde eles não existam (centros comunitários, centros de saúde comunitária) e em sublinhar sua continuidade e sua utilidade." (T. do O).

tá-los. A escolher até suas distrações. A organizar suas festas. A criar seus clubes e associações. A interferir constantemente na sua vida. A alterar os estatutos de seus clubes, tudo isto de cima para baixo. Antidemocraticamente.

São instituições que se filiam entre os adeptos daquela "estranha democracia sem povo que a atrapalhe e perturbe", da constatação do professor Djacir Menezes. Instituições envolvidas num doloroso paradoxo — o de "assistencializarem" os seus clientes, esperando que fiquem de maior para que então, e só então, sejam eles lançados em experiências democráticas.

O que precisamos, na verdade, cada vez mais, é acreditar no povo e ajudá-lo a crescer na linha incoercível de nossa democratização, ligada a uma série de fatos novos, entre os quais a transitivação de sua consciência. Toda ação, que tente retardar — porque deter não nos parece possível — esta marcha, é reacionária e perigosa. Acreditamos mesmo que parte desta ação "assistencializadora", a comprometer a marcha de nossa democratização, resulte de uma distorcida visão da problemática nacional. Não só por parte das instituições, mas dos seus próprios clientes.

Parece ter se situado nesta distorcida visão de nossa problemática a reação, às vezes até obstinada, de servidores, de industriais e mesmo de operários, contra tentativa nossa de substituir o "papai-noelismo" da instituição, de que derivava a gratuidade da assistência prestada, por cobrança de taxas que fossem cada vez mais ligando o operário à instituição. Mais ainda, e ao lado disto — por cobrança de taxas que, arbitradas em estudos conjuntos, dos clubes operários ligados ao Sesi e do próprio Sesi, fosse dando àqueles margem para ampliar sua "dialogação" ou a sua "parlamentarização". E isto porque parte da arrecadação da cobrança deveria ficar com os clubes, que a movimentariam em projetos com que exercitassem o autogoverno.

Distorcida visão da problemática nacional, que atinge sobretudo aquele ângulo ainda não claramente ou criticamente visto, da necessidade de inserirmos o homem brasileiro no processo de nossa democratização, como no de nosso desenvolvimento econômico. Trabalho fundamental e indispensável à democracia brasileira, em aprendizagem.

Neste sentido é que poderemos afirmar, antecipando-nos, mesmo que tenhamos depois que repisar a afirmação, que a nossa educação tem de apresentar uma duplicidade de planos instrumentais: o do preparo técnico com que se situará o homem nacional aptamente no processo de desenvolvimento. O da formação de disposições mentais com que adira ao desenvolvimento, aceitando, inclusive conscientemente, os traumas e as restrições decorrentes da industrialização, às vezes necessariamente apressada. Formação de disposições mentais democráticas com as quais se identifique com o clima cultural novo.

Um dos aspectos mais importantes do nosso agir educativo, na fase atual de nossa história, será, sem dúvida, o de trabalhar no sentido de formar, no homem brasileiro, um especial senso, que chamamos de senso de perspectiva histórica.

Quanto mais se desenvolva esse senso, tanto mais crescerá no homem nacional o significado de sua inserção no processo de que se sentirá, então, participante, e não mero espectador. Será a apropriação dessa perspectiva histórica, que ele incorporará à sua sabedoria, com o desenvolvimento de sua consciência crítica, na verdade, que o porá em condições capazes de compreender restrições de que às vezes resultam sacrifícios pessoais e coletivos e que, porém, são necessários ao interesse geral. Os resultados positivos desses sacrifícios, contudo, se situam num futuro, às vezes, até próximo. Daí a necessidade da perspectiva histórica, somente com que poderão compreender sacrifícios e restrições, quase sempre pesados, em fases como a que vivemos — de desenvolvimento econômico, de que depende a nossa própria sobrevivência.

É a este segundo ângulo que o já citado professor Vieira Pinto, cuja clareza e lucidez não nos cansamos de salientar, vem chamando de "ideologia do desenvolvimento".

> Surge, então, afirma ele, um problema de evidente gravidade, que aparece como irrecusável antinomia: de um lado, pertence ao poder público a faculdade de planejar o desenvolvimento, pois como é claro, nenhuma outra entidade está melhor aparelhada para isso, por dispor dos meios de conseguir uma informação total, e da natureza potestade de comando; mas, de outro lado, todo plano, para ser executado, inclui a operação de agentes voluntários, conta com a sua ação e dá como suposto o seu consentimento, que, por isso mesmo que é livre, não pode a rigor, ser previsto como certo, mas precisa ser conquistado
>
> Tal antinomia, continua, define o processo de desenvolvimento numa democracia política... Mais adiante: Vemos, assim, que a possibilidade de superação da antinomia democrática, e, portanto, de promoção do desenvolvimento nesse regime político, depende da presença das ideias e do grau de claridade das consciências. Logo depois: E aqui se coloca uma terceira

afirmação, logicamente deduzida da anterior: *o processo de desenvolvimento é função da consciência das massas*. Contudo, mais uma vez demos a palavra ao mestre Vieira Pinto, é imprescindível dedicar algumas palavras ao menos à segunda questão a que há pouco nos referimos, a saber: como se poderá promover o progresso da ideologia na consciência nacional, de que modo se difunde, por que meios é possível favorecer essa difusão? Enunciar esta questão, conclui o professor Vieira Pinto, é simplesmente formular o problema da educação das massas (Pinto, 1956, p. 22 e 29-41).

Foi exatamente uma educação dessas, que deve implicar um trabalho com o povo e nunca sobre o povo ou simplesmente para ele, através dos grupos, que tentamos realizar em nossa comentada experiência. E é precisamente uma educação assim que, ultrapassando as paredes das escolas, precisa ser incrementada entre nós.

Medite-se, ainda, no que representa para países subdesenvolvidos como o Brasil, mas em processo de desenvolvimento, a inserção do povo no esforço da recuperação econômica de suas comunidades. E não só econômica, mas política e social. O que representa a criação e a amplitude de uma consciência popular do desenvolvimento. O sentido da responsabilidade social do homem. O que não poderão fazer comunidades assim *ideologizadas* no esforço de sua recuperação.

A nossa experiência, num âmbito realmente pequeno — o das limitadas fronteiras da instituição — nos autoriza a falar positivamente de um trabalho educativo desta ordem.

O convite que fizemos ao operário para que ele se tornasse, através de seu clube, responsável também pela recuperação da instituição, participando assim, verdadeiramente, de nossa administração, foi aceito. O operário foi chamado. Veio até nós. Participou. Atuou. Resolveu problemas. Sugeriu medidas. Sentiu-se responsável.

Muitas das diretorias de clubes de operários do Sesi trabalharam incansavelmente. Consertaram dependências dos centros sociais. Conservaram material. Deram lição de desprendimento. Mas, sobretudo, comprovaram a receptividade à liderança democrática a que responderam positivamente. Liderança que se torna difícil na medida mesma em que é plástica e permeável. Em que repete toda posição "ingenuamente" quietista. E exige dos que lideram crescente convivência com o povo e seus problemas, somente a partir de que é possível a tentativa de suas soluções.

É esta intimidade com o povo que os adeptos daquela duas vezes citada "estranha democracia sem povo" (v. p. 17) não toleram.

A nossa experiência, ao contrário, se fundamentou precisamente nesta intimidade. Tivemos, desta forma, oportunidade de observar as suas reações a estímulos novos. Reações do operário a novos estímulos, os que provocavam nele a superação e a substituição de posições quietistas, até então comuns por parte da instituição. Era interessante, porém, principalmente, observarmos a evolução crescente no modo de verem os problemas. De analisarem as questões em discussão. De se manifestarem a propósito de assuntos ligados ora à vida de seus clubes, ora à de seu bairro, às vezes, à da própria instituição. Sua posição em torno da liderança política.

Nessa intimidade com grupos de operários e líderes operários também é que fomos compreendendo coisas tão claras e simples como esta: a necessidade, entre os políticos e o povo, de uma comunicação existencial. De uma linguagem existencial, que fale seus problemas, suas dores e apresente soluções concretas e simples. E como, numa democracia, mesmo e principalmente em aprendizagem como a nossa, serão inautênticas as soluções para o povo, que não partam do povo.

Não conseguimos deter em nós, por mais avessos que sejamos à insistência das citações, o gosto e a necessidade de, mais uma vez, citar o professor Vieira Pinto:

> ... a ideologia do desenvolvimento, diz ele, só é legítima quando exprime a consciência coletiva, e revela os seus anseios em um projeto que não é imposto, mesmo de bom grado às massas, mas provém delas. Noutras palavras, prossegue o mestre do Iseb, isso quer dizer que a condição para que surja a ideologia do progresso nacional é mais do que a simples justaposição das classes dirigentes e do povo, mesmo harmoniosa, pacífica e consentida; é a existência de quadros intelectuais capazes de pensarem um projeto de desenvolvimento sem fazê-lo à distância, mas consubstancialmente com as massas (Pinto, 1956, p. 33).

A questão se faz clara. Não está, realmente, em que as classes dirigentes, superpostas ao povo, lhe apresentem e lhe imponham a solução de seus problemas. Solução pensada por elas, distanciadas do povo. É preciso que ele cresça na interferência dessa solução.

Esse foi dos aspectos mais importantes, senão o mais importante de nossa experiência. Aquele que mereceu de nós maior empenho. Nunca ditamos uma solução aos operários ligados ao Sesi, através de seus clubes. Nunca ditamos uma solução aos pais de alunos de escolas sesianas, ligados a elas e a nós, por meio de suas associações. O caminho para nossos projetos foi sempre o do diálogo. Diálogo através de que ia se conhecendo progressivamente a realidade. Realidade em análise, em discussão. Posta em evidência. Nunca previamente estabelecida por nós, a nosso gosto ou nossa conveniência. E dessas discussões verdadeiramente democráticas, entre nós e os líderes operários e, em algumas oportunidades, entre nós e as assembleias operárias, muitas vezes saímos vencidos, em algum dos pontos que defendíamos. Não só vencidos, mas, em alguns casos, convencidos.

Aprendemos humildemente uma lição importantíssima: nem todas as coisas vistas como boas e certas do nosso ângulo o são, realmente, do ângulo do operário. E não há outra solução, senão a de tentarmos a sua adesão pelo esclarecimento, pela possibilidade de experiência da coisa proposta. Nunca pela imposição.

Na mesma linha desta experiência (v. Anexo I), mas fora do Sesi, participamos de outras relativamente vitoriosas, de vinculação de escolas a famílias, estimulando-se, principalmente, a ingerência destas nos destinos daquelas. Experiências de vinculação entre escolas e problemas de sua comunidade local. Trabalho de que vem resultando forte sentido de responsabilidade social dos pais, ligados entre si, através de uma associação deles, progressivamente interessada na solução de problemas comuns.

Cada vez mais se amplia a "dialogação" entre esta unidade pedagógica e as famílias de seus alunos, que, dia a dia, se sentem integradas na vida total da escola de seus filhos. As informações, que dirigente e professoras desta unidade pedagógica nos dão hoje, são de que seus padrões de disciplina, de aprendizagem, de vitalidade, de ordem crescem sempre, à medida que a "dialogação" aumenta.

Repetem-se, assim, nesta escola, as observações diretas que fizemos em caráter mais amplo, quando da extensão dialogal que oferecemos ao operário do Sesi.

Foram dez anos de intimidade com o operário urbano do Recife e de alguns centros, os mais desenvolvidos, do interior do Estado, ora através da experiência do Sesi, ora por meio da acima referida, que, ao lado de contatos com operários do Sul do país, de leituras, estudos e observações, fundamentaram, repitamos, muitas das afirmações que fazemos na tese.

Entre estas, as afirmações em torno da consciência intransitiva e transitiva do homem brasileiro, que ensaiamos no primeiro capítulo. Intransitividade e transitividade de consciência, diga-se de passagem, ligadas intimamente à industrialização do país e a que o processo educativo não pode quedar alheio.

Os nossos agradecimentos aos amigos Maria do Carmo Vasconcelos Moreira Dias e Severino Lins Vieira que, sacrificando muitas de suas horas de lazer, dedicada e zelosamente bateram os originais deste trabalho.

Queremos registrar, também, os nossos agradecimentos à solicitude com que nosso amigo, o jornalista Geraldo Seabra, fez o trabalho de revisão tipográfica.

CAPÍTULO I

Sabe-se que não há atualidade nacional que não seja processo histórico. Desta forma, toda a atualidade é dinâmica e se nutre, entre outros valores, dos que se situam no "ontem" do processo. Não que deva ser ela necessariamente o passado, o que seria a sua própria negação. Por isso mesmo, a atualidade do ser nacional — em caminho ou em busca de sua autenticidade, pela superação de seu estado colonial ou semicolonial — apresenta uma série de marcas do "ontem", manifestadas no comportamento social do homem brasileiro e outras mais, de feição recente, também refletidas neste comportamento.

O conhecimento "crítico" destas marcas demonstrará como, muitas dentre elas, umas, que se formaram lentamente em toda a nossa vida colonial e que se exteriorizam ainda hoje em disposições mentais, e algumas outras, provocadas por fatos novos, vêm se fazendo antinômicas. E vêm também explicando comportamento contraditório no homem brasileiro. Comportamento contraditório sobretudo na vida pública.

Não será possível, na verdade, na análise de nenhuma atualidade nacional, o esquecimento das suas marcas mais remotas. Das que vêm se transmitindo e manifestando no homem através de certas disposições mentais que, mesmo podendo ser alteradas ou substituídas por novas disposições, provocadas, já agora, por novas situações histórico-culturais, transparecem sempre ou quase sempre. Por outro lado, não será possível, igualmente, o esquecimento das mais recentes, que entram, às vezes, preparando situações capazes de alterar e de refazer atitudes até então comuns e gerais.

É bem verdade não pretendermos analisar todos os elementos constitutivos de nossa atualidade, o que implicaria, não há dúvida, o estudo extensivo de nossa cultura. O que nos importa diretamente é a análise ou o levantamento do que poderemos chamar de *antinomia fundamental* de nossa atualidade, em algumas de suas dimensões, e a "posição" que deve assumir o nosso agir educativo face a essa mesma antinomia fundamental. Neste capítulo, o que nos interessa propriamente é o levantamento desta antinomia, reservando-se para outro a análise mais alongada de um dos termos de nossa atualidade, como, para um terceiro, a do processo educativo que sintonize com ela.

A antinomia fundamental de que a atualidade brasileira vem se nutrindo e de que se ramificam outros termos antinômicos é a que se manifesta no jogo de dois polos — de um lado, a *"inexperiência democrática"*, formada e desenvolvida nas linhas típicas de nossa colonização e, de outro, a *"emersão do povo na vida pública nacional"*, provocada pela industrialização do país.

Vejamos o mecanismo destes polos antinômicos da nossa atualidade, dando corpo a posições contraditórias, assumidas pelo homem brasileiro. Mais do que isso, vejamos como a "inexperiência democrática" vem se fazendo um ponto de estrangulamento constante do surto de democratização política e cultural, que explica a emersão do povo na vida brasileira.

Na verdade, o que vem caracterizando a nossa vida pública atual é este jogo de contradições. É o povo emergindo no cenário político, rejeitando suas velhas posições quietistas e exigindo novas posições — agora de participação, de atuação e de ingerência na vida brasileira. É o povo emergindo e exigindo soluções, mas, ao mesmo tempo, assumindo atitudes que deixam transparecer, fortemente, os sinais de sua "inexperiência democrática". "Inexperiência democrática" brasileira que esclarece posições tão comuns entre nós, até em centros urbanos, do todo-poderosismo policial, em desrespeito ao homem. Todo-poderosismo da autoridade firmada ainda no "sabe com quem está falando?". Desrespeito aos direitos dos mais fracos pela hipertrofia dos mais fortes. "Inexperiência" que explica a prática reveladora da política de clã, consubstanciada em fórmulas como: "aos amigos tudo — amigos são os que seguem passivamente ao chefe — aos inimigos, a lei". Esta lei, porém, aparece apenas na fórmula, porque a tradução exata desta atitude, ou desta postura antidemocrática, seria antes esta: "Aos amigos, aos que seguem as linhas da política do chefe, tudo — inclusive as coisas impossíveis, para cuja solução se dá sempre um 'jeitinho' — aos inimigos, nada, quer dizer, dificilmente o que a própria lei estabelece".

São posturas ou disposições mentais que vêm se revelando entre nós, enfaticamente, a ausência daquele sentimento que Oliveira Viana chamou (Viana, 1955, p. 195) de "sentimento do Estado Nacional" e que, segundo ele, deve ser uma das bases sobre que tem de repousar a democracia verdadeira. Consciência da coisa pública, do interesse comum. De que surgirá o respeito a essa mesma coisa pública. A esse mesmo interesse comum.

"Inexperiência" que explica, também, quando não, a incondicionalidade à autoridade, já em certas áreas do país entrando em deterioração, a tentativa da autoridade para a obtenção ou a preservação desta incondicionalidade a ela, por parte do povo a quem, para isto, pressiona. "Inexperiência" que explica procedimentos como os de quase todos os legislativos brasileiros, onerando, num desrespeito flagrante ao interesse público, os orçamentos estaduais. Orçamentos de Estados empenhados ou precisando empenhar-se no esforço de seu desenvolvimento e que se sacrificam com a política predatória de suas câmaras.[8] Esforço predatório de que participam também executivos, numa orgia de gastos que chega a estarrecer. "Inexperiência" que explica a contradição, ainda geral entre nós, até em centros urbanos adiantados, de se votar em candidato ao Executivo, ao mesmo tempo em que, para o Legislativo, em outro, de linha política oposta. Muitas vezes atendendo-se a condições de parentesco ou de amizade ou de gratidão também, por causa de que se vota em candidato reconhecidamente inferior, contanto que não se fira o amigo, o parente ou o obsequiador com "ingratidão" de se lhe negar o voto.

Sente-se, assim, como este é comportamento nada "crítico", mas intensamente "ingênuo".

"Inexperiência" que se revela na inconsistência ideológica e até estritamente partidária de nossas agremiações políticas, apresentando, como fatos normais, abrigarem, em suas fileiras, militantes que se opõem, nas câmaras, à sua linha partidária. Militantes que, elegendo-se, embora, no seu quadro partidário, participam da política oposta.

"Inexperiência" que explica o todo-poderosismo do partido do governo, do "delegado de polícia do partido", hoje abalados em seus ali-

---

8. Recentemente, não foram poucos os legislativos estaduais que exageraram nesta política predatória, aumentando subsídios, ampliando desnecessariamente os quadros já notoriamente dilatados de "servidores" de suas secretarias, criando municípios sem condições, aquinhoando deputados não reeleitos com sinecuras altamente rendosas e, ao mesmo tempo, altamente onerosas aos cofres públicos.

cerces pela "rebelião popular". Abalados nos centros menos desenvolvidos e vencidos ou quase vencidos nos centros adiantados. Mas, apesar de abalados e quase vencidos, ainda tentando existir, através de uma série de procedimentos conhecidos de todos. De coação. De fraude. É ainda esta "inexperiência" que explica outros descompassos flagrantes entre manifestações externas de nosso comportamento democrático e a dimensão interna da democracia, entre nós. Descompassos que emprestam à nossa vida democrática, se não observada como algo em elaboração, um sentido de objetiva inautenticidade. E isto porque, às condições externas da democracia devem corresponder certas disposições mentais, certa forma de ser, no homem deste regime (Barbu, 1956). Estas disposições mentais nascem e se desenvolvem dentro de um clima cultural específico. E foi este clima cultural que nos faltou na elaboração de nossa história. Na verdade, o clima em que crescemos foi o oposto. Foi o da "assistencialização".[9] Foi da passividade do homem. Foi o do antidiálogo. Foi o do mutismo. E, em clima como este, as disposições mentais que se formaram e se consubstanciaram em verdadeiros complexos culturais teriam de ser as rigidamente antidemocráticas.

Assim, nos conservamos mudos e quietos até quando começaram a surgir as primeiras alterações substanciais na nossa infraestrutura, de que começou a decorrer uma nova posição de nossa economia.

Mais recuadamente estas alterações tiveram início nos fins do século passado, quando das restrições ao tráfico de escravos e, depois, com a abolição da escravatura. E isto precisamente porque capitais que se destinavam à compra de escravos se viram, de um momento para outro, sem destinação. Foram, assim, ou começaram a ser, aos poucos, empregados em atividades industriais incipientes.

Desta forma, além do trabalho escravo supresso — o que daria início à nossa política de atração do imigrante para terras brasileiras, que viria ajudar o nosso desenvolvimento —, demos começo às primeiras tentativas de "crescimento para dentro", em nossa economia. Mas foi, exatamente neste século, na década de 20 a 30, após a Primeira Grande Guerra, e mais

---

9. A "assistencialização" é o máximo de passividade do homem diante dos acontecimentos que o envolvem. Opõe-se ao conceito nosso de "dialogação", que coincide com o de "parlamentarização" do professor Guerreiro Ramos. Enquanto na "assistencialização" o homem queda mudo e quieto, na "dialogação" ou na "parlamentalização" o homem rejeita posições quietistas e se faz participante. Interferente. O assistencialismo é uma dimensão da "assistencialização".

enfaticamente depois da Segunda, que o nosso surto de industrialização, em certos sentidos desordenado, recebeu o seu grande impulso, marchando até a situação em que se encontra hoje. E, com a industrialização, o desenvolvimento crescente da urbanização que, diga-se de passagem, nem sempre vem revelando desenvolvimento industrial e crescimento em todas as áreas mais fortemente urbanizadas do país.

Na verdade, tem sido a industrialização que vem pondo o homem brasileiro em posição participante no nosso acontecer político. Isto é, posição que implica uma atitude ativa do povo em oposição àquela outra que o fazia simples espectador dos fatos a cujo desenrolar apenas comparecia, mas de que não participava. Daí uma das mais fortes conexões de nossa democracia em aprendizagem, na fase atual da vida brasileira, vir se fazendo com o processo de nosso desenvolvimento econômico.[10] Não há democracia sem povo participante, paradoxo em que pretende nos conservar o reacionarismo. Não há povo, no sentido legítimo, sem mercado interno. Sem estradas. Sem trabalho em condições de boa produtividade. Sem desenvolvimento harmonioso das estruturas econômicas. Daí, também, a promoção do país de ser semicolonial, alienado ainda em várias manifestações de sua vida, em ser nacional, autêntico, estar intimamente ligada ao desenvolvimento econômico. E indispensavelmente ligada a uma posição nacionalista (v. p. 55).

Sem a marca orgânica e progressiva deste desenvolvimento, que é um imperativo existencial, ameaçaremos a nossa própria sobrevivência histórica e nos transformaremos em uma vasta massa humana, de teor de vida quase exclusivamente vegetativa e sob a proteção inapelável de um Estado paternalista. E neste caso não há como cogitemos de vida democrática.[11] Faltar-nos-ão instrumentos básicos para o seu exercício.

---

10. Além deste aspecto anotado, das relações entre nossa democracia em aprendizagem e nosso desenvolvimento econômico, aspecto que nos parece fundamental, há, ainda, outro ângulo destas relações de real importância, na interpretação de nossa conjuntura atual. Ângulo que não pode passar despercebido ao educador atento. Ao educador para quem o agir educativo não pode ser superposição às condições histórico-culturais do contexto da sociedade a que vai se aplicar, sob pena de se tornar uma inautenticidade. É que, nessas condições faseológicas atuais, podemos ter, no desenvolvimento econômico nacional, o estímulo com que motivemos o homem brasileiro e o despertemos no sentido do bem comum, o que implica lhe oferecermos disposições para agir conscientemente nos interesses de sua comunidade. Desta forma, lhe daremos oportunidade para a aprendizagem não apenas nocional, mas experimental, de valores democráticos.

11. Um dos nossos mais angustiantes problemas atuais, sem cuja solução continuaremos dificultando a nossa crescente democratização, como o nosso desenvolvimento econômico, é

Daí a conexão de sobrevivência entre nossa democracia em aprendizagem e nosso desenvolvimento econômico, o qual vem provocando a crescente presença do povo na vida política nacional. Presença querendo fazer-se e fazendo-se "participação", mesmo ingênua.

De outro lado, porém, a "inexperiência democrática" ostensiva, facilmente surpreendida nas nossas matrizes culturológicas, comprometendo o desenvolvimento progressivo desta participação de que as condições faseológicas revestem nossa atualidade.

Aí, as raízes para aquela "ideologia do desenvolvimento", em que lucidamente insiste o professor Vieira Pinto (*op. cit.*, *passim*) e com a qual incorporaríamos o povo participantemente ao processo do desenvolvimento. Isto é, em posição conscientemente "crítica". Realmente, vivemos uma fase de nossa história que está a exigir a participação cada vez maior do povo na elaboração do desenvolvimento. Que está a exigir a inserção do povo criticamente consciente nele, somente como irá criando novas disposições mentais com que poderá opor-se e superar a "inexperiência democrática".

É bem verdade que a industrialização vem promovendo a sua transformação de espectador quase incomprometido em "participante" ingênuo, em grandes áreas da vida nacional.

Mas o que é preciso é aumentar-lhe o grau de consciência dos problemas de seu tempo e de seu espaço. É dar-lhe uma "ideologia do desenvolvimento". E o problema se faz então um problema de educação.

---

a reforma agrária, de que resultarão mudanças substanciais, que se refletirão fatalmente no homem brasileiro. Mais fortemente no homem rural do Nordeste e do Norte do país, intensamente intransitivo na sua consciência e que, com as novas condições sociais, decorrentes das mudanças na infraestrutura econômica, sofrerá a promoção automática de sua consciência intransitiva para transitivo-ingênua.

Na verdade, sem esta reforma, que se faz cada vez mais imperiosa, não será possível a existência de sólido mercado interno, sem o qual se frustrarão quase todos os impulsos de industrialização do país. Preservar-se-ão em formas de "existência bruta" ou a-histórica, intransitivadas, imensas populações brasileiras.

A estrutura agrária que aí temos é uma arrogante contradição com os ímpetos de democratização que caracterizam nossa atualidade.

Como o desenvolvimento econômico, parece-nos estar a reforma agrária a exigir a sua ideologia também. Vasto e profundo trabalho de educação das camadas populares, como das elites, pelos padres, pelos pastores, pelos políticos, pelos jornalistas, pelos educadores, com que se *introjeta* no homem comum, como homem político, a necessidade da reforma de que resultará, se bem-feita, a humanização de milhões de brasileiros.

"De educação e organização ideológica", acrescentaria o professor Hélio Jaguaribe (1957).[12]

O próprio tipo de política de "clientela", a que está ligado o chamado "estado cartorial", manifestação a um tempo de uma estrutura econômica e de um clima cultural — este, o da nossa "inexperiência democrática", aquela, a de uma economia colonial —, vem exigindo, com a crescente superação da estrutura econômica em que repousa, um forte trabalho de educação e de organização ideológica, para a sua substituição por um tipo de política verdadeiramente democrática, em identificação com as nossas condições faseológicas atuais. Tipo de política por isso que democrático, ampliando cada vez mais a "dialogação" do homem brasileiro.

Não seremos capazes de uma "ideologia do desenvolvimento", imprescindível ao ritmo progressista de nossa democratização, nem tampouco seremos capazes de nos inserir com autenticidade, na marcha de nossa democratização, sem o "diálogo", que será um instrumento de promoção da consciência perigosamente acrítica ou transitivo-ingênua, em que se encontra o homem brasileiro, nos centros urbanos, para a consciência transitivo-crítica, vital à democracia.

De real importância se faz então, em nossa atualidade, o estudo da consciência do homem brasileiro nos possíveis estágios em que se nos apresenta, ligados intimamente à industrialização e ao agir educativo.

Na análise deste problema, continuamos a surpreender elementos do "ontem" e do "hoje", componentes de nossa atualidade, em conjunção.

A "inexperiência democrática" a intensificar, no homem brasileiro, posturas superficiais, superpostas à realidade, condicionamento, que se faz mais forte ainda, nas regiões menos desenvolvidas do país. Por outro lado, as modificações da infraestrutura, ampliando a permeabilidade do homem nacional nos centros de desenvolvimento industrial e aumentando-lhe a capacidade de percepção dos problemas, sacrificada, porém, e igualmente, pela "inexperiência democrática".

---

12. "O problema que se apresenta, pois, para que se possa desencadear a ideologia do desenvolvimento e em torno dela reorganizar o aparelho do Estado e convertê-lo em estado funcional, apto a planejar e executar o planejamento econômico requerido pelas necessidades do país, é, essencialmente, um problema de educação e de organização ideológica" (Jaguaribe, 1957, p. 53).

Duas são as posições mais gerais que o homem brasileiro parece vir assumindo diante de sua contextura. Revelando uma delas matizes nitidamente diferentes.[13]

A primeira postura se caracteriza pela quase centralização dos interesses do homem em torno de formas mais vegetativas de vida. Pela extensão de seu raio de apreensão de problemas a essas formas de vida, quase exclusivamente. Suas preocupações se cingem mais ao que há nele de vital, biologicamente falando. Falta-lhe historicidade, ou, mais exatamente, teor de vida em plano mais histórico. Sua consciência é intransitiva, nestas circunstâncias. É a consciência dos homens de zonas pouco ou nada desenvolvidas do país. São uns "demitidos da vida" ou, talvez mais precisamente, uns inadmitidos à vida, tomada a expressão no seu sentido mais amplo.

A segunda posição se caracteriza, ao contrário, por preocupações acima de interesses meramente vegetativos. Há uma forte dose de espiritualidade, de historicidade, nessas preocupações. Nestas circunstâncias, o homem alarga o horizonte de seus interesses. Vê mais longe. Sua consciência é, então, transitiva. Corresponde às zonas de desenvolvimento econômico mais forte.

Esta consciência transitiva é, porém, num primeiro estágio, predominantemente ingênua.[14] Num segundo, predominantemente crítica. A

---

13. Faz-se importante afirmar que, ao tentarmos a análise das diferentes "posições" que o homem brasileiro parece vir assumindo diante de sua "circunstância", não admitimos propriamente uma gradação de mentalidade — uma alogicidade e uma logicidade —, mas uma dominância de perspectivas.

14. O problema da consciência ingênua e da consciência crítica vem sendo debatido por um grupo de professores brasileiros. Professor Vieira Pinto, Guerreiro Ramos, Roland Corbisier, entre outros. Do primeiro, deverá sair a público brevemente minucioso estudo em que discute amplamente o tema. Já havíamos escrito este capítulo quando, em conversa com aquele mestre, fomos informados de seu estudo. Em trabalhos anteriores já vinha focalizando este assunto, realmente importante não só para a interpretação de manifestações da vida nacional, mas também, e sobretudo, como novas perspectivas que se abrem a nosso agir educativo. Em seu mais recente trabalho — *A redução sociológica: introdução ao estudo da razão sociológica* (1958) — e que nos parece abrir horizontes mais amplos na busca de autenticidade para o ser nacional, o professor Guerreiro Ramos volta a debater mais profundamente o problema da consciência ingênua e da consciência crítica. À sua posição, idêntica à daqueles outros mestres citados, nos opomos, na verdade, em parte. O sociólogo Guerreiro Ramos inicia o primeiro capítulo de seu livro assim: "O fato mais auspicioso que indica a constituição, no Brasil, de uma ciência nacional, é o aparecimento da consciência crítica de nossa realidade." E mais adiante: "Importa assinalar que tal consciência coletiva de caráter crítico é, hoje, no Brasil, dado objetivo, fato [...] O fenômeno tem suportes na massa [...] Um estado de espírito generalizado não surge arbitra-

transitividade ingênua, fase em que nos encontramos, com tintas mais fortes aqui, menos ali, se caracteriza pela simplicidade na interpretação dos problemas. Pela tendência a julgar que o tempo melhor foi o tempo passado. Pela transferência da responsabilidade e da autoridade, em vez de sua delegação apenas. Pela subestimação do homem comum. Por uma forte inclinação ao "gregarismo", característico da massificação. Pela

---

riamente [...] Reflete sempre", continua, "condições objetivas que variam de coletividade para coletividade. Mas, em toda parte onde um grupo social atinge modalidade de consciência, aparece o imperativo de ultrapassar o plano da existência bruta e de adotar uma conduta significativa, fundada, de algum modo, na percepção dos limites e possibilidades de seu contexto e sobretudo orientada para fins que não sejam os da mera sobrevivência vegetativa". E acrescenta: "No Brasil essas condições objetivas, que estão suscitando um esforço correlato de criação intelectual, consistem principalmente no conjunto de transformações da infraestrutura que levam o país à superação do caráter reflexo de sua economia."

Para nós, estas transformações de nossa infraestrutura, que vêm promovendo nosso homem de padrões de vida a-históricas ou de "existência bruta", para padrões de vida histórica ou de teor de vida mais espiritual e histórica, trazem e vêm trazendo consigo promoção automática da consciência de um estágio chamado por nós de intransitivo ou de consciência predominantemente intransitiva para outro, chamado por nós, de consciência transitivo-ingênua ou predominantemente transitivo-ingênua. A nossa divergência se encontra centralmente aí. E que, para nós, àqueles estágios a-históricos ou de "existência bruta" de "coletividades dobradas sobre si mesmas", não corresponde propriamente uma consciência ingênua que seria então, automaticamente, promovida em consciência crítica, pelas alterações infraestruturais. Parece-nos, antes, que àqueles estágios vem correspondendo uma consciência intransitiva, de que resulta postura de quase incompromisso do homem com a sua existência. O "grau" seguinte, que situa o homem em posição mais espiritualmente humana, no sentido scheleriano, não é propriamente o da criticidade ainda. Mas o da transitividade, em que o homem, acentuando e desenvolvendo o seu poder de dialogação com sua circunstância e melhor se inserindo nela, mais ainda carregado de fortes marcas mágicas, pode sofrer a evolução ou a distorção de sua consciência. A evolução para uma forma, agora sim, crítica. A distorção para uma forma altamente desumanizada que o conduz a reações "massificadas". É preciso, na verdade, não confundirmos certas posições, certas atitudes, certos gestos que processam com a promoção econômica — posições, gestos, atitudes que se chamam de "tomada de consciência", com uma posição conscientemente crítica. Entendemos, por outro lado, que, se não é possível termos uma consciência de caráter exclusivamente crítico ou ingênuo, teremos, porém, uma consciência que seja marcadamente ingênua ou crítica ou ainda marcadamente intransitiva.

A criticidade, para nós, implica a apropriação crescente pelo homem de sua posição no contexto. Implica a libertação do homem de suas limitações e indigências, não — o que de resto seria impossível — pela extinção dessas limitações e dessa indigência, mas pela consciência delas. Não será, por isso mesmo, algo apenas resultante de simples promoção ou de alteração da infraestrutura, por grandes e importantes que sejam estas alterações na explicação do processo de evolução da consciência do homem brasileiro. Não será, também, por outro lado, o resultado "anhelo de uns poucos, preocupados em modelar um caráter nacional mediante processos, por assim dizer parenteanos, ou seja, pela manipulação de resíduos emocionais populares" (Ramos, *op. cit.*, p. 19).

A consciência transitivo-crítica há de resultar de trabalho formador, apoiado em condições históricas propícias.

impermeabilidade à investigação, a que corresponde um gosto acentuado pelas explicações fabulosas. Pela fragilidade da argumentação. Por forte teor de emocionalidade. Pela desconfiança de tudo o que é novo. Pelo gosto não propriamente do debate, mas da polêmica. Pelas explicações mágicas. Pela tendência ao conformismo.

A transitividade crítica, pelo contrário, se caracteriza pela profundidade na interpretação dos problemas. Pela substituição de explicações mágicas por princípios causais. Por procurar testar os "achados" e se dispor sempre a revisões. Por despir-se ao máximo de preconceitos na análise dos problemas. Na sua apreensão, esforçar-se por evitar deformações. Por negar a transferência da responsabilidade. Pela recusa de posições quietistas. Pela aceitação da massificação como um fato, esforçando-se, porém, pela humanização do homem. Por segurança na argumentação. Pelo gosto do debate. Por maior dose de racionalidade. Pela apreensão e receptividade a tudo o que é novo. Por se inclinar sempre a arguições.

A consciência intransitiva representa um quase incompromisso entre os homem e a sua existência. Por isto esta forma de consciência adstringe o homem a um plano de vida mais vegetativa. Circunscrevo-o a áreas estreitas de interesses e preocupações. É a consciência do homem, sobretudo, pertencente àquelas coletividades que Fernando de Azevedo chamou de "delimitadas" e "dobradas sobre si mesmas" (Azevedo, 1958a, v. I, p. 34).

Escapa ao homem intransitivamente consciente a apreensão de problemas que se situam além de sua estreita esfera biologicamente vital. É uma consciência que não percebe nem pode perceber, claramente pelo menos, o que há nas ações humanas de resposta a desafios e a questões que a vida apresenta ao homem. Ou melhor, a consciência intransitiva implica uma incapacidade de captação de grande número de questões que lhe são suscitadas.

Na medida em que o homem amplia o seu poder de captação e de resposta às sugestões e às questões que partem de sua circunstância e aumenta o seu poder de "dialogação" não só com o outro homem, mas com o seu mundo, se transitiva. Seus interesses e preocupações se alongam a esferas mais amplas do que à simples esfera biologicamente vital.

Esta transitividade da consciência permeabiliza o homem. Faz dele um ser mais vibrátil. Leva-o a vencer o seu quase incompromisso com a existência, característico da consciência intransitiva, e o compromete quase totalmente. Por isso mesmo é que existir é um conceito dinâmico. Implica uma dialogação eterna do homem com o homem, do homem com a circunstância. Do homem com o seu Criador. Não há como se admitir o homem fora do diálogo. E não há diálogo autêntico sem um mínimo de consciência transitiva. É essa dialogação do homem em torno das sugestões e até com as sugestões que o faz histórico. Por isso nos referimos ao quase incompromisso do homem intransitivamente consciente com a sua existência. E ao plano de vida mais vegetativo que histórico, característico da intransitividade. É evidente que o conceito de intransitividade não corresponde a um fechamento absoluto do homem dentro dele mesmo, esmagado, se assim o fosse, por um tempo e um espaço todo-poderosos. O homem, qualquer que seja seu estágio, é sempre um ser aberto. Ontologicamente aberto. O que pretendemos significar com a consciência intransitiva é a limitação da sua esfera de apreensão. É a sua inaudição a estímulos situados fora da órbita vegetativa. Neste sentido, e só neste sentido, é que a intransitivação representa um quase incompromisso com a existência. O discernimento se dificulta e obscurece. Confundem-se as notas características dos objetos e dos estímulos da circunstância e o homem se faz então mágico. Na consciência transitivo-ingênua perdura esta nota mágica. Ampliam-se os horizontes. Responde-se mais abertamente aos estímulos. Mas se envolvem as respostas de teor quase sempre mágico ou mítico. É a consciência do quase homem massa, em quem a dialogação mais amplamente iniciada do que na fase anterior da consciência intransitiva se deturpa e se transforma ou se distorce. É neste aspecto, sobretudo, que esta consciência guarda um perigo ao desenvolvimento e à preservação da democracia. A dialogação mais ampla do homem com o homem e do homem com a sua circunstância — as respostas cada vez em círculos mais amplos a estímulos diferentes que, forçosamente, deviam se fazer fatores de postura cada vez mais legítimas do homem diante do homem, como dele diante do seu mundo, perdem o sentido de sua autenticidade, sacrificadas por formas "domesticadoras" do homem. É a massificação.

 A propaganda é uma dessas formas. Aldous Huxley propõe, como antídoto à sua ação domesticadora, educação em que haja lugar destinado ao que ele chama de "arte de dissociar ideias",[15] porque se fossem

---

 15. "También en este caso [refere-se à propaganda não comercial, mas à que leva as multidões aos desfiles às "cerimônias de las idolatrias nacionais"] solamente puede llegarse a for-

criando no homem atitudes mentais que lhe permitissem resguardar-se de seus efeitos. Não só resguardar-se deles, mas suportá-los, diremos nós. Atitudes mentais que o colocassem em posição conscientemente crítica diante dos estímulos a que responderia, desta maneira, menos passionalmente.

Esta posição implica um retorno ao diálogo iniciado e distorcido. Implica uma incursão à matiz verdadeira da democracia. Daí ser a consciência transitivamente crítica característica dos autênticos regimes democráticos e corresponder a formas de vida altamente permeáveis, interrogadoras, inquietas e dialogais em oposição às formas de vida impermeáveis, mudas, quietas e discursivas das fases rigidamente autoritárias.

A promoção da consciência predominantemente intransitiva para a predominantemente transitivo-ingênua vai paralela à promoção dos padrões econômicos da comunidade. É promoção que se faz automática. Na medida, realmente, em que se intensifica o processo de urbanização e o homem vem sendo lançado em formas de vida mais complexas e entrando assim num circuito maior de relações e passando a receber maior número de sugestões de sua circunstância, vem se verificando nele transitivação de sua consciência. Começa agora a atender a solicitações e interesses outros que o vão jogando em situações novas de que resultam novas experiências que o situam diferentemente no seu contexto ou face a ele.

O que nos parece importante afirmar é que o outro passo, o decisivo, da consciência dominantemente transitivo-ingênua para a dominantemente transitivo-crítica, ele não dará automaticamente, mas se inseri-

---

talecer la resistencia a la sugestion, *aguzando las facultades críticas* [o grifo é nosso] de aquellos a quienes afecta. En todo programa de educación debería haber un lugar destinado al arte de disociar las ideas. Debería acostumbrárseles a los jovenes a contemplar los problemas que plantean el gobierno, la política internacional, la religión y otras cosas parecidas, separándolos de las imágenes agradables a que han estado asociadas sus soluciones particulares; asociaciones de ideas que han sido fomentadas mas o menos deliberadamente por los que tienen algún interés en que el público piense, sienta o juzgue las cosas de un modo determinado" (Huxley, 1944, p. 235). ["Também neste caso, somente pode-se chegar ao fortalecimento da resistência à sugestão, *aguçando as faculdades críticas* a quem afeta. Dever-se-ia acostumar os jovens a contemplar os problemas estabelecidos pelo governo, a política internacional, a religião e outras coisas parecidas, separando-os das imagens agradáveis a que têm estado associadas suas soluções particulares; associações de ideias que têm sido fomentadas, mais ou menos deliberadamente, pelos que têm algum interesse que o público pense, sinta, ou julgue as coisas de um modo determinado." (T. do O.)]

do num trabalho educativo com essa destinação. Trabalho educativo que não se ponha despercebida e desapercebidamente diante do perigo da massificação, em íntima relação com a industrialização, que nos é um imperativo existencial.

Merecem, na verdade, meditação de nossa parte, que estamos participando de uma fase *sui generis* da vida nacional, já lucidamente anotada pelo sociólogo brasileiro Guerreiro Ramos (1957, p. 22), as relações entre massificação e a consciência transitivo-ingênua que, se distorcida do sentido de sua promoção à consciência transitivo-crítica, resvala para posições mais perigosamente mágicas e míticas do que o revestimento mágico, característico da consciência intransitiva. Neste sentido, a distorção que conduz à massificação implica um incompromisso maior ainda com a existência do que o observado na consciência intransitiva.[16] A consciência transitivo-ingênua tanto pode evoluir para a transitivo-crítica, característica da mentalidade mais legitimamente democrática, quanto pode distorcer para uma forma rebaixativa, ostensivamente desumanizada, característica da massificação (v. Anexo II).

É a consciência "fanatizada" de Marcel (1955, p. 106). Este é um dos perigos da nossa sociedade em transição.

Parece-nos, deste modo que, das mais enfáticas preocupações de uma educação para o desenvolvimento e para a democracia, entre nós, há de ser a de oferecer ao educando instrumentos com que resista aos poderes de "desenraizamento" de que a civilização industrial, a que nos filiamos, está amplamente armada. Mesmo que armada igualmente esteja ela

---

16. Na medida em que, realmente, o homem se comporta à base de maior dose de emocionalidade que de razão, o seu comportamento não resulta em compromisso porque se faz "acomodadamente". O que caracteriza o comportamento comprometido é a capacidade de escolha, resultante de especial flexibilidade que leve o homem àquela escolha pela possibilidade de comparação. A capacidade de escolher exige, porém, um teor de racionalidade ou de criticidade inexistente na consciência intransitiva. Quando não totalmente inexistente, vagamente existente. O quase incompromisso com a existência a que nos referimos, característico da consciência intransitiva, se manifesta assim numa maior dose de "acomodação" do homem do que de "concordância". De habituação. De emocionalidade. Mas, onde a dose de "acomodação" é maior ainda, o comportamento do homem se faz mais incomprometido é na massificação. E isto porque, aqui, há uma regressão ou distorção do teor de razão conseguida com a promoção da consciência intransitiva para a transitivo-ingênua. Regressão ou involução desse teor de racionalidade a uma forma altamente desumanizada pelo reforço do passional. Passionalidade a que se pode chegar também e paradoxalmente, através de uma super-racionalidade que leva o homem a posições míticas. Na massificação, a alienação assume proporções mais amplas e profundas que na intransitivação. É a "consciência fanatizada" de Marcel.

sobretudo de meios com os quais vem crescentemente ampliando as condições de existência do homem. Fatores de massificação do homem, vale afirmar, resistência à distorção de sua consciência ingênua a formas mais perigosamente incomprometidas com sua existência do que a representada na consciência, por nós chamada de intransitiva. Uma educação que possibilite ao homem discussão corajosa de sua problemática. De sua inserção nesta problemática. Que o coloque em diálogo constante com o outro. Que o predisponha a constantes revisões. À análise crítica de seus "achados". A uma certa rebeldia no sentido mais humano da expressão. Que o identifique com métodos e processos científicos.

Não há como concebermos uma educação, numa sociedade democratizando-se, que leve o homem a posições quietistas. Que não faça dele um ser cada vez mais consciente de sua transitividade, que deve ser usada tanto quanto possível criticamente ou com acento cada vez maior de racionalidade.

A própria essência da democracia envolve uma nota fundamental que lhe é marcante — a mudança. Os regimes democráticos se nutrem, na verdade, de termos em mudança constante. São flexíveis, inquietos, devido a isso mesmo deve corresponder ao homem desses regimes maior flexibilidade psicológica e mental (v. Barbu, *op. cit. passim*). Permeabilidade de consciência, que uma educação rotineira e acadêmica não pode oferecer.

A falta desta permeabilidade parece vir sendo dos mais sérios descompassos dos regimes democráticos atuais, pela ausência dela decorrente de correspondência entre o sentido de mudança, característico não só da democracia, mas da civilização técnica e uma certa rigidez mental do homem que, massificando-se, deixa de assumir postura conscientemente crítica diante da vida. Sua consciência é, então, um alongamento distorcido da consciência ingênua. A sua transitividade se oferece sobretudo à captação de mensagens "domesticadoras". Daí a sua identificação com formas nítidas de explicação do seu mundo. É a consciência do homem que perde dolorosamente o sentido de seu endereço. É o homem "desenraizado".

Não será demais que insistamos estar a nossa democracia em aprendizagem, sob certo aspecto, o histórico-cultural, fortemente marcada por descompasso nascidos de nossa "inexperiência" de autogoverno. É, de outro lado, ameaça pela não promoção da consciência transitivo-ingênua a que estamos chegando e que não será capaz de oferecer ao homem brasileiro, nitidamente, a apropriação do sentido altamente cambiante da sociedade e do tempo que ele está vivendo. Mais ainda, não lhe dará, o que é pior, a convicção de que participa das mudanças de sua sociedade. Convicção indispensável ao desenvolvimento da democracia.

Duplamente importante se faz, então, o esforço de reformulação do problema de nosso agir educativo no sentido da democracia. Agir educativo que não esquecendo ou desconhecendo as condições culturológicas de nossa formação paternalista, vertical, por tudo isso antidemocrática, não esqueça também, e sobretudo, as condições atuais de nossa existência histórica. De resto, condições altamente propícias ao desenvolvimento de nossa mentalidade democrática, se criticamente aproveitadas. E isto porque, às épocas de mudanças aceleradas, vem correspondendo uma maior flexibilidade mental do homem, que predispõe a formas de vida mais plasticamente democráticas (*id., ib.*). E o Brasil está vivendo hoje incontestavelmente uma fase assim, nos seus grandes e médios centros, de que porém se refletem, para centros menores e mais atrasados, influências renovadoras, através do rádio, do caminhão, do cinema, do avião.

O que nos parece de importância, repisar até, é que, se estas condições novas, *sui generis* (v. citação à p. 37), para repetir o sociólogo Guerreiro Ramos, levarão, como estão levando, o homem brasileiro a posições até então desconhecidas, correspondentes, no plano de sua consciência, à transitivação ingênua, que implica realmente uma plasticidade maior do que a do período anterior — o de sua intransitividade —, elas, por si mesmas, não serão capazes de fazer a indispensável promoção desta transitividade ingênua para a transitividade-crítica. E não há como confundir uma posição com a outra. Confusão de que poderia decorrer, por exemplo, uma nova posição ingênua — a que se contentasse com a "rebelião popular", manifestada entre nós em vários aspectos da vida nacional. Sintoma, por sinal, dos mais interessantes e promissores de nossa vida política. Que se contentasse com essa rebelião, vendo nela algo de definitivo, de termo de um processo, ou, quando não o termo, uma etapa capaz de dinamizar a seguinte, num jogo dialético.

É realmente esta consciência transitivo-ingênua, mais permeável e flexível do que a intransitiva, que vem sendo responsável por todo este ímpeto de promoção que nos caracteriza. E que facilmente surpreendemos em todas as manifestações da vida brasileira. Esta ânsia de novos padrões, esta deliberação de participar da vida nacional estão, sobretudo, descruzando os braços de nosso homem, até onde esta expressão signifique renúncia a velhas posições quietistas e procura de novas atitudes — as de participação e envolvimento nos problemas e acontecimentos que lhe interessam. As de compromisso, contra as anteriores, de "acomodação".

Os pleitos eleitorais, que vêm se sucedendo após a chamada redemocratização do país, estão revelando este ímpeto antiquietista. Não que estes pleitos venham, todos eles, demonstrando a melhor escolha do povo. Mas vêm significando — e isto é o mais importante para quem se põe numa perspectiva histórica — a vontade de ter vontade. De autodeterminação do povo. Governo já começou a perder eleição no Brasil.[17]

A educação vem se fazendo, cada vez mais, entre nós, em quase todos os centros, uma reivindicação popular — outro sintoma do antiquietismo nacional.

Mas se, de um lado, se surpreende toda esta ebulição de que vêm decorrendo novas posições assumidas pelo povo brasileiro, de outro lado, dentro desta mesma atualidade nacional, continua terrivelmente presente a nossa "inexperiência democrática", fazendo-se ponto de estrangulamento de nossa democratização, porque dela deriva diretamente uma série de manifestações que a vêm comprometendo.

Assim é que esta "inexperiência" pode fazer-se mais que um ponto de sufocamento da democratização em que nos inserimos. Pode enfatizar

---

17. Tarefa de grande importância na nossa conjuntura política atual devia estar sendo levada a efeito pelos partidos políticos brasileiros. Trabalho de informação e de formação do povo pelo debate dos nossos problemas — dos grandes e dos pequenos problemas nacionais. A estrutura econômica, política e social do país, o esforço de industrialização. A harmonia do todo nacional ameaçada pelos descompassos de sua geoeconomia.

À medida que o povo brasileiro rejeita as suas velhas posições quietistas, se faz mais fortemente necessário e até urgente este papel educador dos partidos políticos.

Parece-nos, porém, que, à exceção do PCB, mesmo na ilegalidade e, até certo ponto do PSB, de modo geral, o que fazem nossas agremiações políticas é omitir-se e cederem o terreno à ação dos políticos que, trabalhando para si, preferem usar procedimentos assistencialistas.

Acreditamos, contudo, que, dentro do processo de democratização, tais procedimentos, se bem que dele comprometedores, terminarão superados. E isso porque a experiência que vem se acumulando com as estadual e municipal, irá aumentando o grau da consciência popular. Serão, neste caso, os erros do povo, a sua aceitação a fórmulas prejudiciais a seus interesses às vezes mais imediatos, que refletidos depois em termos práticos irão levá-lo à superação daquele procedimento e à exigência de outros.

O trabalho formador dos partidos, de tão grata crença a Mannheim (*Ensayos de sociología de la cultura*) abreviaria, porém, esta superação pela sistematização de que se revestiria.

certas tendências desumanizantes, inerentes ao surto de industrialização, como a massificação do homem (Drucker, 1954).

Desta forma, de um lado, temos a industrialização do país estimulando o desenvolvimento dos seus centros urbanos. Ampliando a percepção do homem brasileiro. Oferecendo-lhe melhores condições de ajustamento pela transitivação de sua consciência. Colocando-o cada vez mais em posição participante no acontecer histórico nacional — o que significa incontestavelmente estarmos vivendo condições positivas ao desenvolvimento de legítimas experiências democráticas. De outro lado, porém, corremos o risco, na marcha crescente de nossa industrialização, de comprometer a ampliação da consciência transitivo-ingênua do homem brasileiro, alcançada que vem sendo pela própria industrialização. Comprometermos esta consciência a que devemos propiciar, pelo contrário, condições de que decorra sua promoção à crítica e que pode, pela inexperiência dessas condições favoráveis, distorcer-se, levando-nos assim à massificação. Quer dizer, a uma forma de vida de tal maneira rígida, passional, impermeável, que se fará impossível a dialogação democrática.

A produção em série, como organização do trabalho humano, é, possivelmente, dos mais instrumentais fatores de manifestação do homem no mundo altamente técnico atual (v. Iribarne, 1954). Ao exigir dele comportamento mecanizado pela repetição de um mesmo ato, com que realiza uma parte apenas da totalidade da obra, de que se desvincula, "domestica-o". Não existe atitude crítica total diante de sua produção. Desumaniza-o. Corta-lhe os horizontes com estreiteza da especialização exagerada. Faz dele um ser passivo. Medroso. "Ingênuo." Diante da sua grande contradição: a ampliação das esferas de participação do nosso homem, para que marchemos, provocada pela industrialização e o perigo de esta ampliação sofrer distorção com a limitação da criticidade, pelo especialismo exagerado da produção em série.

A solução, na verdade, não pode estar — e aí se encontra outro grande perigo em que implicam estes problemas — na aceitação ou antes na defesa de fórmulas antiquadas e inadequadas, por causa disto mesmo, ao mundo de hoje. Mas, na aceitação da realidade e na solução objetiva dos seus problemas.

A solução não poderia estar realmente em deter-se a industrialização, mas, em se tentarem caminhos de humanização do homem. Um destes caminhos talvez seja o da reformadas empresas com que se criem nelas "avenidas" amplas para a participação do trabalhador (v. Faria, 1958).

Daí, nos parece a nós, cada vez mais importante e imperioso, que se ampliem as esferas de experiências democráticas do homem nacional, na fase atual de nossa existência histórica.

Experiências de participação com que ele vá alargando as áreas de sua interferência e com que se possa evitar, em parte, o perigo de sua alienação, situado na produção em série.

Toda prática, então, de que possa resultar a amenização da ruptura entre o homem e sua obra, característica da produção em série, ajudará incontestavelmente a preservar a transitivação de consciência, ganha com a industrialização, mas por ela também ameaçada. Ameaçada pelo trabalho altamente especializado que diminuindo a esfera da responsabilidade do homem. E essa responsabilidade, diminuída progressivamente, acabará por desumanizar o homem e massificá-lo. Assim é que se nos afigura importante, em todos os sentidos, a ingerência do homem brasileiro nos destinos de sua fábrica. De seu sindicato. Nos destinos da escola e de seu filho. De sua comunidade local. De seus clubes. A participação do operário na própria administração de sua fábrica, através de sugestões, de críticas, que lhe fossem dando consciência sempre crescente de sua posição no contexto geral de seu trabalho. Que o fizessem identificar-se humanamente neste contexto, e não "coisificadamente".

Estes problemas que, em qualquer sociedade, são sérios problemas, se fazem, no caso brasileiro, para nós, ainda mais sérios. É que, repita-se, a "domesticação" imposta ao homem pela produção altamente especializada para que marchamos e que implica formas cada vez mais ingênuas ou perigosamente acríticas de comportar-se, encontra, na "inexperiência democrática" brasileira, condições excelentes para desenvolver-se e agigantar-se.

Este nos parece dos aspectos mais importantes de nossa atualidade. Aspecto a que o educador prevenido não pode oferecer pouca atenção.

E o grande perigo envolvido nele se acha verdadeiramente em exigências de um dos polos de nossa atualidade.

Temos deixado bem claro, em todo corpo de nosso estudo, que, para a nossa sociedade, o seu desenvolvimento econômico é um imperativo existencial. Este desenvolvimento, porém, não será feito a não ser que aceleremos a formação de nossos quadros técnicos — de técnicos de nível superior, de nível médio, como ainda, os quadros de operários qualificados.

Isto implicará, como veremos, a revisão urgente e total de nossa educação, quase toda ela decorativa e seletivamente antidemocrática.

E a advertência, que se tem de fazer, está centralmente neste ponto — que a educação de que precisamos não forma especialistas por mera consciência ingênua dos problemas situados fora da esfera estritamente técnica e estreita de sua especialidade.

Esta seria uma educação que o homem teria meias visões. Não seria uma educação que dele tivesse visão integral.[18]

---

18. O maior teor de passionalidade contido na consciência transitivo-ingênua pode, se exacerbado, conduzir o homem a posições míticas.

Assim também o maior teor de razão contido na consciência transitivo-crítica pode, se estimulado exageradamente, levar o homem a posições super-racionais, que se identificam, igualmente, com posturas míticas.

Qualquer destas posições — a do exagero da passionalidade, como a do reforçamento desmedido da criticidade — se faz um obstáculo à mentalidade ou à formação da mentalidade democrática.

O processo educativo para os grupos humanos submetidos ao ritmo crescente de democratização cultural e política, à maneira de que nos vem caracterizando, não pode ficar despercebido desta realidade. Grupos humanos inseridos numa cada vez maior transitivação da consciência em que o processo educativo precisa evitar a exacerbação da emocionalidade como a da criticidade.

Como exemplo do primeiro caso, temos a massificação ou mentalidade de massas, para cuja eliminação Mannheim sugere, entre outras medidas, a criação e o desenvolvimento de "grupos primários", em que o homem poderia mais facilmente "humanizar-se".

Como exemplo do segundo caso, temos a formação altamente especializada do homem que, enfatizando o desenvolvimento de sua razão, pode torná-lo "super-racional" e levá-lo a assumir posições míticas. Paradoxalmente, esta postura estreitará seus horizontes, situando-o numa quase "ingenuidade" ou numa "ingenuidade" às avessas.

Sir Richard Livingstone, em *Some thoughts on University education*, adverte-nos deste perigo, sugerindo uma educação técnica e científica que não oblitere a visão total do homem.

Educação que lhe dê visão geral de seu mundo que, sendo maior do que "fórmulas", não deve a elas ser simplistamente reduzido.

"Si recordamos que el animal es un especialista" — diz-nos Maritain em *La educación en este momento crucial*, p. 39 — "y especialista perfecto, ya que toda su capacidad de conocer está limitada a ejecutar una función determinadísima, habremos de concluir que un programa de educación que aspirase sólo formar especialistas cada vez más perfectos en dominios cada vez más especializados, e incapaces de dar juicio sobre un asunto cualquier que esté fuera de la materia de su especialización, conduciria, a no dudarlo, a una animalización progressiva del espíritu y de la vida humana". ["Se recordarmos que o animal é um especialista" — diz-nos Maritain em *A educação neste momento crucial*, p. 39 — "e especialista perfeito, já que toda sua capacidade de conhecer está limitada a executar uma função determinadíssima, teremos de concluir que um programa de educação que aspirasse somente a formar especialistas, cada vez mais perfeitos em domínios cada vez mais especializados, e incapazes de construir um juízo a respeito de um assunto qualquer, que esteja fora da ma-

Bem razão tem Mantovani (1957, p. 38-9) quando afirma:

> Al hombre de la democracia hay que educarlo no solamente en una cerrada competencia especializada, sino también, simultaneamente, como miembro de la comunidad política y social, apto para juzgar por si mismo problemas de la democracia, la libertad, el bien estar social y la propia especialidad técnica.[19]

Dentro ainda da análise desta antinomia fundamental — "inexperiência democrática" — "emersão do povo na vida nacional", parece-nos importante a discussão de como vem a família brasileira "trabalhando" a sua educação. Quer dizer, se sua orientação se acha integrada ao novo clima cultural que vivemos ou se, marcada por suas fortes origens patriarcais, nutrida da inexperiência dialogal, vem desajudando o ritmo de nossa democratização.

Ângulo importante por onde pode ser visto este problema é, não há dúvida, aquele que focalize o comportamento de nossa família à luz dos impactos que vem sofrendo desde o início da "decadência do patriciado rural", no século passado, e o crescente prestígio da vida das cidades, até a ênfase de nossa industrialização, que vem provocando toda uma alteração no nosso sistema de valores. É neste sentido que nossa sociedade vem sendo uma sociedade dramaticamente em trânsito. Trânsito da rigidez estática, da impermeabilidade, do autoritarismo, característicos do patriarcalismo, para a flexibilidade dinâmica, para a permeabilidade e para a plasticidade que a sociedade, querendo fazer-se e fazendo-se democrática, exige. Trânsito que a família brasileira ainda não soube realizar — da autoridade externa, vertical e inflexível, do patriarcalismo, para a interna, que a democratização está a exigir.

Um dos mais sérios perigos, aliás, contido na nossa atualidade é este. O desta passagem da autoridade externa, verticalmente autoritária e ajustada ao clima cultural do patriarcalismo, para a autoridade interna,

---

téria de sua especialização, conduziria, sem dúvida, a uma animalização progressiva do espírito e da vida humana." (T. do O.)]

19. "Ao homem da democracia há que se educá-lo não somente em uma fechada competência especializada, mas também, simultaneamente, como membro da comunidade política e social, apto para julgar, por si mesmo, problemas da democracia, a liberdade, o bem-estar social e a própria especialização técnica." (T. do O.)

permeável, crítica e flexível, ajustada ao clima cultural da democratização, em que estamos inseridos. O perigo está em que, em nome do império da autoridade interna ou da criticidade, indispensável à democracia, se chegue à diluição da autoridade externa, sem que se tenha operado no homem brasileiro, a sua *"introjeção"*, que lhe daria a criticidade ou a autoridade interna. E se chegue assim, como se está chegando, a formas de disciplinas não propriamente democráticas, mas de um novo e perigoso *laissez-faire*.

Um dos aspectos por que se pode encarar a chamada "juventude transviada", atual, entre nós, será este — o da crise da autoridade externa que, em choque com os valores em trânsito de uma sociedade igualmente em trânsito, não podendo continuar a se afirmar nela mesma, porque as forças culturais da nova sociedade a repeliam, não soube, todavia, transitar também, até a liberdade em relação com ela e lá *introjetar-se* e fazer-se assim autoridade interna. Não se *introjetando*, por um lado, e, por outro, não podendo se afirmar na exterioridade, comprometeu-se. Compromisso que vem se chamando, em geral, de "crise da autoridade".

A solução, como facilmente se depreenderá, não está na restauração do todo-poderosismo da autoridade externa, à moda patriarcal, o que seria impossível sem o clima cultural do patriarcalismo. Não está, por outro lado, na ausência de qualquer autoridade, fórmula de que não poderá resultar a formação de uma autoridade interna, que pressupõe a existência da autoridade externa. A solução está, antes, no exercício de uma autoridade democrática, respeitosa da liberdade do educando que, possibilitando a este condições em que experimente sua liberdade, leve-o à consciência da autoridade. É o célebre caminho que se percorre da heteronomia para a autonomia.

Mas, antes da diluição desta autoridade, na marcha mesma de sua crise, ela tenta a sua "afirmação" através de uma série enorme de procedimentos autoritários e verticais. Procedimentos incontestavelmente restritivos e inadequados às experiências de participação e de decisão, cada vez mais necessária a nós, nas nossas condições faseológicas atuais. Experiências de decisão negadas a nossos meninos que crescem numa sociedade que exige deles exatamente decisão.

Daí nos parecer tão importante quanto urgentes todas as atividades com famílias, de que possa decorrer uma revisão de suas atitudes com relação a seus filhos. Revisão de suas atitudes que as coloque numa liderança democrática em que se ampliem cada vez mais as oportunidades de participação dos filhos nos destinos da família.

Em um curso de debates sobre problemas de educação familiar de que fomos um dos professores, patrocinado pelo Departamento de Extensão Cultural e Artística — Secretaria de Educação de Pernambuco —, oferecido a famílias comerciárias, colhemos resultados interessantes a este respeito.

À pergunta de se seus filhos participavam da vida da família, não foram raras as respostas negativas.

"Não têm idade", diziam. E, mais adiante, no item que indagava a idade dos filhos, descobríamos terem alguns deles ultrapassado os dezesseis anos.

Mais uma vez, assim, nos instalamos dentro da antinomia fundamental. Ímpetos de participação, amplitude da nossa "dialogação", causados pelas novas condições culturais de nossa fase histórica e as dificuldades ou os obstáculos para a criação da autoridade interna, que implicará posições críticas somente, como sintonizaremos autenticamente com a nossa atualidade. Somos tentados a afirmar não vir a família brasileira, proletária, pequeno ou alto-burguesa, concorrendo para nos tornarmos autênticos dentro do ritmo de nossa democratização.

Ainda em nossa atualidade e envolvida também pela antinomia fundamental se acha a escola. Sua posição atual, superposta à nossa realidade, acadêmica, propedêutica e seletiva, por todas estas coisas antidemocrática, vem constituindo um dos mais fortes pontos de sufocação do desenvolvimento econômico do país e da sua democratização. A escola primária, a escola média e a própria universidade, marcadas, todas elas, de uma ostensiva "inexperiência democrática", vêm dinamizando um agir educativo quase inteiramente "florido" e sem consonância com a realidade.

E aí que, da "inexperiência democrática" se desprende uma outra marca estranguladora de nosso desenvolvimento econômico, como de nossa democratização, sobretudo até onde aquele desenvolvimento, incrementando a urbanização do país, estimulará a promoção de áreas de consciência intransitiva, com que nosso homem passa a "participar", mesmo ingenuamente, do acontecer nacional. Consciência ingênua que coloca o homem em postura antiquietista, por isso, no mínimo, embrionariamente democrática. Referimo-nos à marca, alongada em verdadeira antinomia com um dos termos de nossa atualidade — *preconceitos contra o trabalho técnico* — *industrialização*.

É bem verdade não ser possível instalação de ensino técnico, nem a sua ênfase, nem a sua produtividade, se a realidade faseológica não apresenta condições propícias a ensino técnico. Vale reafirmar o sentido da organicidade da educação como algo indispensável à sua validade. A sua instrumentalidade. Assim é que, se determinada contextura histórico-cultural não apresenta condições favoráveis a este ou aquele tipo de ensino, esta dimensão do agir educativo, superposta à realidade, o fará inautêntico.

Não é isto, porém, o que vem caracterizando a nossa atualidade. A inorganicidade de nossa escola e de nossa educação, em geral, vem se fazendo antes de tudo, por não atenderem às exigências gritantes de dois ângulos de nossa atualidade: o da democratização crescente do país, com a promoção automática da consciência intransitiva para a transitivo-ingênua. O da crescente industrialização do país, revestida de condições que lhe vêm sendo favoráveis.

O impulso de nossa industrialização, de que resultará a retirada de milhões de brasileiros de um tipo de "existência bruta", a-histórica, de consciência intransitiva, para formas históricas ou espirituais de vida, nós estamos insistindo em fazer corresponder uma educação falsamente humanista. Academicamente oca, isto sim. Verbalista, "palavrosa", autoritariamente indiferente ao que nos cerca, e não teórica, erradamente às vezes assim chamadas.

Enquanto isso, o processo de nosso desenvolvimento a exigir rapidamente a formação de técnicos de nível superior e médio, somente com os quais poderemos propiciar eficiente direção e mão de obra de que dependerá a produtividade indispensável ao ritmo de nossa promoção. Dos maiores obstáculos ao nosso desenvolvimento econômico é a falta desses técnicos. É a falta de cientistas. Ou aceleramos a formação desses técnicos, com medidas de que decorra maior facilidade nessa preparação, ou perderemos a batalha do desenvolvimento.

Não será e não vem sendo, com uma educação quase exclusivamente centrada no verbo, no livro, no programa, a despeito de tudo o que vem se dizendo contra ela, que formaremos técnicos habilitados a inserir-se positivamente na marcha "imparável" de nossa industrialização.

Ainda neste aspecto e dentro de nossa atualidade processualmente dinâmica, se situam, no "ontem", nas raízes de nossa "inexperiência democrática", algumas das fontes de nossos preconceitos contra trabalhos manuais. Contra toda atividade que recorde a mancha desumanizante do trabalho escravo.[20]

Em quase todos os cronistas que nos visitaram, alguns deles lúcidos observadores de nossa realidade, encontramos ou surpreendemos, facilmente, esse desprezo quase mágico do nosso homem pelo trabalho manual. Desprezo por essas atividades em que muito homem de cor se refugiou das lembranças da escravidão. Manuel era assim. Era um símbolo desses preconceitos. "Manuel, negro crioulo e liberto", diz-nos Saint-Hilaire (1945, p. 204-5) um dos mais, senão o mais arguto de quantos estrangeiros nos visitaram, "que cumpria muito bem sua obrigação; mas levava o gosto pela libertinagem muito mais longe do que todos os camaradas que eu tivera até então, o que basta para revelar o seu temperamento [...] Orgulhoso de sua dignidade de homem livre, tinha o mais profundo desprezo pelos trabalhos considerados como apanágio dos escravos, motivo pelo qual o botocudo Firmiano, livre de qualquer preconceito de casta, era quem ia buscar água a apanhar a lenha de que necessitávamos. O nobre Manuel", continua irônico o cronista, "teve certa ocasião uma disenteria; quando chegamos ao pouso, recomendei-lhe que bebesse água de arroz e saí a herborizar. À minha volta, perguntei-lhe se cumpria minha prescrição. — Não havia água — respondeu-me. — Um regato corria a quatro ou cinco passos do local em que encontrávamos, mas Firmiano tinha se ausentado. Tomei de uma cafeteira, enchi-a d'água, que ofereci ao mesmo. Este ficou profundamente surpreendido; mas duvido bastante que tenha aprendido a lição. Inteiramente embutido de incômodos preconceitos", vai continuando o cientista francês, "não viu, provavelmente, senão baixeza ou extravagância na ação de um homem branco indo buscar água para dar a um homem preto. Um dos mais tristes resultados da escravidão", conclui com lucidez, "é o aviltamento do trabalho".

Depoimento igualmente interessante neste mesmo sentido é o que nos oferece John Luccock, nas suas *Notas sobre o Rio de Janeiro e partes meridionais do Brasil* (1951, p. 73).

---

20. "A ausência quase completa de indústrias, a rotina da monocultura e da exploração industrial do açúcar e o caráter elementar das atividades de comércio, não criando necessidades de especialização profissional, nem exigindo trabalho tecnológico de mais alto nível, contribuíram, como outros fatores, para desvalorizar as funções manuais e mecânicas, exercidas por artesãos, escravos e libertos" (Azevedo, 1958b: II, 47).

Tornou-se necessário abrir uma fechadura de que se perdera a chave, começa sua narrativa Luccock, e tão rara era a habilidade necessária para tanto, que o gerente e o copeiro do hotel, onde então morava, ficaram grandemente perplexos quando perguntei em que sítio se a poderia encontrar.

Após passados os primeiros momentos de perplexidade, lembrando-se de um inglês instalado no Rio há algum tempo, o indicaram, certos de que algum auxiliar faria o reparo a contento. Luccock, como era de se esperar, foi à procura do inglês. Depois de indicado o operário que deveria acompanhá-lo até a casa, demos novamente a palavra a Luccock:

> Fez-se esperar por largo tempo, mas, afinal, para compensar a demora, diz o cronista com certa malícia, apareceu-me vestido de grande gala: de tricórnio, fivelas nos sapatos e abaixo dos joelhos e outras quejandas magnificências. A porta da casa tornou a estacar, na intenção de alugar algum preto que carregasse o martelo, a talhadeira e uma ou outra ferramenta pequena. Lembrei-lhe que sendo leves, eu me encarregaria de uma parte ou do todo, mas isso constituiria solecismo tão grande como o de usar ele próprio suas mãos.

Referindo-se à instabilidade econômica dos senhores de engenho dos começos do século XIX, entre os quais "raros cuidavam de conservar, ou desenvolver riquezas", afirma Gilberto Freyre: "O resultado é que muitos, nascidos ricos, chegaram à velhice melancolicamente pobres, mas desdenhosos de ofícios mecânicos que abandonavam a europeus e a escravos" (1951: II, 500).[21]

Não pretendemos afirmar que estes preconceitos, nascidos e nutridos dentro de um contorno que lhes era propício, ajustados a uma fase de nossa história, perdurem e se mantenham em circunstâncias faseoló-

---

21. Observação idêntica às citadas e que, mais uma vez, comprova o nosso preconceito contra as atividades manuais, alongadas às técnicas, e que vem se desintegrando com o processo de industrialização: "Nada, pelo contrário" — é de Fernando Dénis a observação em *O Brasil*, página 235-6, v. I — "é mais diferente da classe de artífices franceses que a dos artífices brasileiros, principalmente se estes pertencem à raça branca. Habituados a ter pretos às suas ordens e descansando neles cuidado das obras mais grosseiras, conhecem tão bem a dignidade de mestre, que mandando-se chamar um marceneiro para consertar um móvel ou um serralheiro para abrir uma fechadura não levará ele a sua ferramenta, e apresentar-se-á a casa de quem o manda chamar, vestido de casaca preta e algumas vezes com chapéu amarelo". [No texto original de Paulo Freire, a localização desta nota no texto não estava indicada. Localizamo-la aqui, por ser o lugar mais coerente, com a linha de raciocínio do autor. (N. do O.)]

gicas diferentes, como as de hoje. Circunstâncias em que o impacto da industrialização, por si mesmo, vai, como vem, criando novas necessidades, novos estímulos, de que decorrem posições e atitudes diferentes diante do mesmo problema. Em uma era quase tecnológica, não podem estes preconceitos contra trabalhos manuais, alongados aos técnicos, prevalecer.

Realmente, estas condições faseológicas em que nos encontramos são cada vez mais favoráveis à revisão de nosso trabalho educativo e de nossa escola que, devendo assumir posições verdadeiramente humanistas, tem de se inclinar ao sentido da preparação técnica e científica do homem.

Mas mesmo que estes preconceitos contra as atividades manuais, incontestavelmente bem fortes, entre nós, e que se alongam às técnicas, tendam a se diluir, pela pressão das já referidas condições atuais, decorrentes de nossa industrialização, constituem, ainda, um obstáculo ao nosso desenvolvimento, como à nossa democratização. É urgente então que se dê toda a ênfase possível e se criem todas as possíveis condições favoráveis ao preparo técnico, no sentido mais amplo da expressão, do homem brasileiro, com que se atenderão estas condições especiais de nossa atualidade.

> Acredito que um dos mais graves problemas que o Brasil enfrenta no momento é o de achar um meio para aumentar as matrículas nos graus de ensino médio que conduzem ao exercício profissional — agrícola, industrial, comercial, pedagógico etc. (Oliveira Júnior, 1956).

Nossa preocupação, realmente, neste capítulo, vem sendo analisar ou salientar a antinomia que consideramos fundamental na nossa atualidade. Esta antinomia e ramificações suas ou alongamentos seus, revelados sempre no comportamento social e político do homem brasileiro. Salientar aspectos atuais de sociedade que, apresentando como uma de suas características mais chocantes, profunda heterogeneidade de etapas, com áreas altamente industrializadas e outras intensamente subdesenvolvidas, no entanto, tem no seu desenvolvimento total e harmonioso um imperativo de sua existência histórica.

Por isso é que nos referimos sempre a uma atualidade brasileira — a em que a antinomia fundamental — "inexperiência democrática" — "emersão do povo na vida pública" — se apresenta com suas forças totais e que tende a se alongar ao seu país inteiro, na medida em que se envolva ele do ritmo do desenvolvimento, por questão mesma de sobrevivência. Desenvolvimento que não apenas teremos de prever, mas por que teremos de nos bater, com todas as forças.

A superação desta antinomia fundamental, asfixiante da nossa marcha democrática, não poderá ser feita se continuarmos a alimentar o seu primeiro termo — a "inexperiência democrática" — através de procedimentos — inclusive em parte — enraizados nele mesmo. Neste sentido é que uma educação para o desenvolvimento e para a democracia, entre nós, tem que ser uma educação pelo diálogo. Uma educação pela participação, que desenvolva no homem brasileiro a sua criticidade.

Ao invés disso, porém, o que continuamos, em regra, a fazer, é "assistencializar" e o homem nacional. "Assistencialização" pela escola. Pela família. Pelas instituições assistenciais. Pelas empresas. "Assistencialização" particular e pública.

Se incide ela sobre populações em maior grau de consciência intransitiva, submetida a padrões de vida a-históricos ou quase a-históricos, de "existência bruta", inseridas ou não em projetos de desenvolvimento, intensifica ainda mais a intransitividade, emprestando no máximo a essas populações um desejo indeterminado do "mais". Um desejo de mais coisas sem o correspondente esforço para obtê-las. É o que poderá acontecer com o Serviço Social rural, se preferir a linha assistencialista. Por isso, diga-se de passagem, a própria assistência material a essas populações "intransitivadas" — a não ser a que ocorre em caso de calamidade — deveria ser feita de forma que elas se inserissem no processo assistencial e fossem levadas a projetos de promoção de que na verdade participassem.

Se incide ela sobre populações já em maior grau de consciência transitiva, situadas em padrões de vida históricos, o que pode acontecer é a distorção da transitividade, que concorrerá para intensificar a massificação. Um dos óbices à formação de disposições mentais democráticas. Disposições que predispõem o homem a atitudes participantes.

"Deve-se levar à massa", afirma o professor Paulo Maciel, em trabalho recente e "crítico", "a maior soma de informações, *educá-la para a opção* — o grito é nosso — em todos os casos e, sobretudo, formar, a partir delas as elites" (Maciel, 1956, p. 70).

É precisamente isto que é fundamental aos povos modernos, mas, sobretudo, àqueles a que faltam, como ao nosso, experiências democráticas, ou complexos culturais democráticos, que a "assistencialização" não faz.

Como objetivar a afirmação correta do professor Maciel? Como "informar e educar as massas (brasileiras) para a opção, com uma educação fortemente "assistencializadora"? Optar implica escolher, o que se faz quando se tem possibilidade de comparar. A capacidade de escolher, por isso mesmo, exige um teor de racionalidade ou de criticidade que não acha clima propício a desenvolver-se na passividade a que o homem é relegado na "assistencialização". Não pode haver opção sem responsabilidade e não há responsabilidade sem participação.

Esta, mais uma vez, a grande antinomia de nossa atualidade.

Ramificação, igualmente, desta "inexperiência democrática", contradição do esforço de nosso desenvolvimento econômico e de nossa democratização, é o centralismo asfixiante de que ainda não nos libertamos e que vai se alongando numa também antinômica força dentro de nossa atualidade.

As conexões entre ele e a nossa "inexperiência democrática" se encontram precisamente na sua impermeabilidade. No simplismo de suas generalizações. Na sua "insensibilidade" aos problemas e às circunstâncias especiais em que este país se multiplica e que, sem o perigo ridículo da perda de uma unidade, precisam ser tomados em consideração. Na superposição à realidade ou às realidades, com que se manifesta. E até num certo ar de infalibilidade e de messianismo, característico da mentalidade não democrática, em oposição à democrática, por sua vez, plástica, permeável e sensível à mudança.

> Não acredito em planejamento econômico, diz o professor Aderbal Jurema, nem em desenvolvimento cultural se não começarmos por descentralizar a administração pública federal, dando-lhe uma consciência regional de responsabilidade e de pronta execução de suas tarefas locais (Jurema, 1958).

País de extensão territorial, como a do Brasil, com problemas locais os mais variados, submetendo a solução desses problemas todos à sabedoria quase carismática dos funcionários centrais... Referindo-se a este centralismo todo-poderoso, que nos atrapalha, e combatendo-o, adverte-nos o professor Anísio Teixeira (1957, p. 53) da necessidade de "confirmarmos no país e nos brasileiros, entregando-lhes a direção dos seus negócios", sem o que continuaremos a ditar soluções a problemas, nunca a projetar soluções, o que exige uma relação de organicidade entre planejamento e contexto a que pretende se aplicar. É por isso também que centralismo implica uma consciência ingênua dos problemas, de que resulta a inapropriação das realidades por parte de seus agentes. Chegamos mesmo à tentação de estabelecer relação entre centralismo e a nossa imaturidade, o que nos leva a outra associação — a do centralismo com uma espécie *sui generis* de alienação, de tal forma que pretendemos observar as realidades do país e a elas aplicar soluções que se lhes superpõem em vez de com elas se integrarem, com vistas quase "estrangeiras". Por isso mesmo acreditamos que, quanto mais caminhemos no sentido da apropriação do ser do país por ele mesmo nos façamos autenticamente nacionais, mas caminharemos no sentido da descentralização. É que, na medida em que nos fizermos "sujeitos de nosso próprio pensamento e não objeto do pensamento de outrem (Pinto, 1956), iremos desenvolvendo em nós a capacidade consequente de nos vermos a nós mesmos e nos conhecermos em nossa totalidade como em nossas particularidades.[22] Parece-nos, então, que diminuirão as possibilidades do centralismo com o desenvolvimento das condições de que nasça a maturidade nacional, o que provocará a sua completa superação.

O inegável, porém, é que o centralismo ainda dificultando soluções às vezes inadiáveis.[23] Mas o que nos parece pior nele é a "experiência",

---

22. Esforço digno de nota vem fazendo o professor Anísio Teixeira, no sentido de nos conhecermos em nossas particularidades regionais no campo socioeducativo, criando os centros regionais de pesquisas educacionais e sociais que, estimulando valores locais, no setor da pesquisa socioeducativa, vem propiciando o levantamento das condições regionais de cultura, com que será mais facilmente possível a organicidade de nosso agir educativo. Centros de pesquisas, acrescente-se, que vêm sendo entregues a homens como Gilberto Freyre e Fernando de Azevedo.

Trabalho de alto alcance, aliás, vem sendo executado pelo centro do Recife que, ao lado das pesquisas, vem realizando um curso sobre problemas de educação, em que se vêm discutindo importantes temas educacionais encarados do ponto de vista regional. Este curso vem ampliando os indispensáveis contatos entre cientistas sociais, pesquisadores e educadores.

Esforços como este, do professor Teixeira, nos ajudarão, nas tentativas de descentralização educativa, pelo levantamento científico de problemas diversos, de condições diversas de que a educação não pode se alheiar.

23. Referindo-se ao centralismo brasileiro, geólogos franceses, contratados pelo governo de Pernambuco para estudos de sua especialidade, fazem considerações interessantes em seu relatório parcial, comentado pelo *Diário de Pernambuco* de 7 de janeiro de 1959, de que trans-

dele resultante, das soluções inautênticas, revestidas, porém, de aparência verdadeira. É a habilitação que dele deriva de tratarmos os problemas brasileiros simplista ou ingenuamente bitolados. É a subordinação da periferia ao centro, negando-se aquela experiência de participação desde que se põe sempre em "situação" de "afilhada" com relação ao centro. É este tipo de relações que o professor Jurema (1958) chama de "paternalismo burocrático" e que constitui mais um ponto de contato entre o centralismo e a nossa "inexperiência democrática".

No campo educativo, este centralismo vem tendo consequências desastrosas. A mais funesta, a que nos referiremos em capítulo adequado, é a que procede a enfatização da inorganicidade de nosso processo educativo, que o vem fazendo retórico e inadequado às linhas centrais da nova cultura que estamos vivendo no país.

Aspecto dos mais importantes no corpo da atualidade nacional, situado ao lado da emersão do povo e em conexão igualmente com o nosso desenvolvimento econômico, vem sendo o crescente ímpeto de autoaprovação do ser nacional. Em posição antinômica com este ímpeto se situam reacionárias correntes do país, interessadas na manutenção do seu estado de dependência ou de alienação semicolonial.

Um dos polos, assim, deste binômio apontado — o das forças reacionárias, interessadas no subdesenvolvimento nacional, se torna entrave da democratização do país. O outro polo, aquele que, em ligação com condições faseológicas brasileiras, vem se batendo pela cada vez maior autenticidade nacional, está estimulando no povo em emersão os seus impulsos de promoção democrática. A bandeira que

---

crevemos estes trechos: "Parece-nos", afirmam, "que essa descentralização administrativa poderia generalizar-se". "A propósito do centralismo existente" — são palavras do comentarista — "descrevem certas dificuldades encontradas durante os seus trabalhos: falta de cartas indicativas dos processos de exploração e pesquisas, de fotografias aéreas, quase impossibilidade de consultas a levantamentos feitos pelos serviços especializados de geografia e mesmo das forças armadas. Quando interrogavam onde poderiam encontrar estes documentos, a resposta era uma só: no Rio". "As viagens ao Rio — são palavras agora dos geólogos — "não são fáceis para todo mundo. São demoradas, custosas e seus resultados duvidosos, pois não se sabe de antemão a quem se dirigir e se a autoridade competente não se ausentou da Capital do País".

"Como pode proceder um pobre agricultor do sertão que achou um minério para encontrar um industrial que poderia interessar-se pela jazida? Como poderia agir um prefeito que desejasse colocar seu município em contato com um técnico competente? Diante da dificuldade de colher os informes", concluem os geólogos, "de alcançar seus objetivos, eles terminariam desistindo".

vem abrigando os adeptos deste ímpeto de promoção vem sendo chamada de *nacionalismo* contra a outra, reacionária, às vezes mesmo "entreguista".

Os povos de formação colonial, alienados em suas formas de cultura, parecem viver sua inautenticidade decorrente daquela alienação, de modo geral, em duas etapas diferentes, com posições também diferentes, antes de se fazerem autênticos.

Na primeira, eles se subestimam e se desvalorizam. Na segunda, se superestimam. A alienação é sintoma da primeira posição. A autossupervalorização, implicando, às vezes, até mesmo a diminuição de outros, é o sinal da segunda posição, também revelada em atitudes "meufanistas". Ambas são formas de imaturação do ser nacional.

Na medida em que amadurece, se autentica. Verifica-se nele a busca inquieta, mas consciente, de autoapropriação. Reconhece sua posição. Suas limitações. Suas deficiências, e luta para superá-las. Identifica-se. Situa-se criticamente no seu contexto. Projeta. O nacionalismo verdadeiro é exatamente a corporificação desta posição de autenticidade nacional, ou melhor, de procura desta autenticidade. É o do conceito do professor Guerreiro Ramos:

> O nacionalismo, diz ele, é mais do que o amor à terra e a lealdade aos símbolos que a representam. É tudo isso e o projeto de elevar uma comunidade à apropriação total de si mesma, isto é, de torná-la o que a filosofia da existência chama um "ser para si" (Ramos, 1957, p. 29).

O Brasil está vivendo condições que propiciam posições desta ordem. Inquieta-se em todas as esferas de sua existência, em busca de sua autenticidade. Autenticidade que, implicando uma cada vez maior apropriação do ser por ele mesmo, não deve implicar, porém, um desdém suficiente às suas matizes criadoras. Mesmo porque, repita-se, seria esta atitude imatura, em contradição com aquela outra, a da apropriação total de si mesmo.

Outro ângulo deste problema a salientar é que a autenticidade nacional não decorre da vontade nem do idealismo de pessoa, mas da sua maturidade, envolvida por uma série de ramificações dentro de seu processo histórico. E é sem dúvida este ensaio de maturidade nacional que vem exigindo ou explicando novas posturas do brasileiro diante de sua circunstância, que lhe vem propiciando maior abertura de consciência a alguns dos importantes a atuais *problemas nacionais*.

Realmente, sem consciência de nossa realidade, sem apropriação de suas dimensões, de que nos tornemos íntimos, sem ocuparmos, com relação a ela, uma posição de que a sua visão parta de dentro dela mesma, não será possível nenhum verdadeiro diagnóstico dos seus problemas. E de falsas diagnoses resultam terapias falsas também. As posições alienadas, de subestimação do ser, não levam o país a esta autoapropriação. Somente a consciência de si mesmo, que lhe dará a maioridade, é que o virá deixando em posição de equilíbrio — nem a subestimação nem a autossuperestimação.

Perigosa, então, será a ênfase das posições falsas de superestimação, de um nacionalismo que se torne agressivo e comprometa a defesa de nossos interesses, em nome desses mesmos interesses. Perigosos, igualmente, por outro lado, serão procedimentos de que resulte o estrangulamento de nossa autoapropriação. Procedimentos que impeçam ou dificultem o desenvolvimento de nosso ímpeto de promoção e nos conservem dependentes. Um destes procedimentos poderia ser, por exemplo, o que obstasse o ritmo de nossa industrialização, em nome de uma "vocação agrícola" do país ou que abandonasse a política do monopólio da exploração estatal do nosso petróleo. Ou, ainda, o que sublinhasse um tipo de educação altamente literária e ornamental em detrimento de uma educação científica e técnica, para um Brasil industrializando-se e democratizando-se.

São estes alguns dos ângulos contraditórios de nossa atualidade, face a que terá a nossa educação de mudar. Com que terá ela de estabelecer relações de organicidade, somente como se fará instrumental.

Uma verdadeira filosofia da educação não poderá fundar-se apenas em ideias. Tem de identificar-se com o contexto a que vai se aplicar o seu agir educativo. Tem de ter consciência crítica do contexto — dos seus valores em transição —, somente como pode interferir neste contexto, para que dele também não seja uma escrava.

Se a educação não é apenas, como afirma o professor Clark, citado por Maritain (1950, p. 166), "la autoperpetuación de una cultura aceptada [...], de una cultura que es la vida de una determinada sociedad", mas também, como contradiz o filósofo tomista, "uma força de mudança", precisa, para ter esta força interferente, de se identificar com a contextura da sociedade a que vai se aplicar.

É esta identificação que a faz autêntica. E é a sua autenticidade que a faz instrumental.

Nunca, no Brasil, teremos vivido condições mais propícias para uma revisão de nossa educação, em termos de autenticidade, como as de hoje, apesar de todas as contradições que vêm caracterizando a nossa atualidade. Uma das tarefas, aliás, da educação de que precisamos, será mesmo diminuir e até superar algumas das antinomias desta atualidade.

CAPÍTULO II

Na análise, de nossa atualidade, feita no capítulo anterior, tivemos a preocupação de surpreender os termos ou, dentre eles, alguns dos fundamentais, de que vem ela se nutrindo. Termos, muitos deles, em posição antinômica uns com os outros.

Salientamos a necessidade inadiável que tem o nosso processo educativo de estabelecer relações de organicidade com esta atualidade para que, só assim, possa assumir a posição de instrumentalidade, naqueles dois planos referidos: o da preparação técnica de nosso homem, com que se inserirá aptamente no desenvolvimento econômico do país; o da criação de disposições mentais democráticas, críticas e permeáveis, com que se situará legitimamente no crescente surto de democratização cultural e política, uma das mais importantes manifestações do nosso "hoje".

Na análise de nossa atualidade, ressaltamos, inicialmente, uma das mais presentes marcas de nosso acontecer histórico — a nossa "inexperiência democrática", situada originariamente no "ontem" de nossa história. No tipo de formação que tivemos.

Interessa-nos, neste capítulo, analisar as linhas fundamentais desta marca, sempre presente, que vem sendo e continuará, por tempo ainda, a ser um dos muitos pontos de estrangulamento de nossa democratização. Não que lhe emprestemos uma força todo-poderosa e invencível, à mercê de que devêssemos ficar eternamente incapacitados ao exercício mais autêntico da democracia. É preciso, porém, afirmarmos, talvez repetindo-nos, que se de um lado não atribuímos esse todo-poderosismo e essa invencibilidade, a esta "inexperiência", por outro lado, não nos inclinamos a aceitar posição "ingênua" — a que reduzisse todo problema a um puro e simples problema de educação. De educação a que faltassem suportes, na sociedade a que fosse se aplicar, no caso, a nossa, que constituíssem "condições institucionais" para a sua existência. O problema é de educação, porém de educação orgânica. Isto é, de educação, mais "condições institucionais". Não será excessivo repetirmos serem essas "condições institucionais" que propiciam o agir para a mudança, que caracterizam a instrumentalidade do processo educativo. Sem essas condições ele se faz inoperante e as suas linhas se situam dentro daquele sentido que conforma as posições simplesmente idealistas, sem suportes na realidade. Não nos será possível, por exemplo, projeto de educação democrática, com o qual nos opuséssemos ou nos pretendêssemos opor à marcante e sempre presente "inexperiência democrática" brasileira, se nos faltassem condições favoráveis em nosso acontecer histórico atual. Toda esta ação educativa, assim, se porta muito mais num plano idealista. Seria inorgânica, superposta, porque sem sintonia com a realidade. Por isso mesmo que democracia não é especificamente uma "ideia" ou uma "teoria", mas um "clima cultural", não será possível um trabalho educativo democrático verdadeiro a que faltem condições que constituam esse clima. "It would, however, be necessary", afirma em seu magnífico livro o professor Zevedel Barbu (1956, p. 53), "to state from the very beginning that what is characteristic of democracy is not a specific idea or theory, but a specific cultural climate".[24] Sem este clima, de que se deixe envolver o agir educativo, se fará ele inautêntico, desaparecerá sua operosidade, porque inorgânico.

Vivemos uma fase em que, mais que em outra qualquer, se robustecem, dia a dia, as condições externas ou culturais para a nossa democratização. Em que as circunstâncias para a crescente democratização do país se ampliam cada vez mais. O que está acontecendo, como já afirmamos várias vezes neste trabalho é, infelizmente, o contrário. Temos condições externas. Falta-nos organicidade educativa. Continuamos a insistir numa educação vertical, autoritária, fundada numa autoridade externa que, desta forma, não pode "introjetar-se" no educando brasileiro, dando surgimento à autoridade interna, ou à razão, ou à consciência transitivo-crítica, indispensável à nossa formação democrática.

---

24. "Entretanto, seria necessário estabelecer, desde o início, que o que é característico da democracia não é uma ideia ou teoria específica, mas uma atmosfera cultural específica." (T. do O.)

Vejamos, porém, as raízes de nossa "inexperiência democrática".

Todos os analistas de nossa formação histórico-cultural têm insistido na nossa "inexperiência democrática". Na ausência, no tipo de formação que tivemos, daquelas condições necessárias à criação de uma consciência participante que nos tivesse levado à feitura de nossa sociedade com "nossas próprias mãos", o que caracteriza, para Tocqueville, a essência da própria democracia. Teria sido a experiência do autogoverno de que realmente sempre nos distanciamos e quase nunca experimentamos, que nos teria levado ao exercício da democracia. As condições estruturais de nossa colonização não nos foram, porém, favoráveis. Os analistas, sobretudo os de nossas "instituições políticas", insistem na demonstração dessa inexperiência. "Inexperiência democrática" enraizada em verdadeiros complexos culturais. Realmente o Brasil nasceu e cresceu dentro de condições negativas às experiências democráticas.[25] O sentido marcante de nossa colonização, fortemente predatória, à base da exploração econômica do grande domínio, em que o "poder do senhor" se alongava "das terras às gentes também",[26] e do trabalho escravo, inicialmente do nativo e posteriormente do africano, não teria criado condições necessárias ao desenvolvimento de uma mentalidade permeável, flexível, característica do clima cultural democrático, no homem brasileiro. Referindo-se à "ineficiência política das camadas inferiores da população brasileira", adverte-nos Caio Prado de que a "economia nacional, e com ela a nossa organização social, assente como estava numa larga "base escravista", não comportava uma estrutura política democrática e popular". (Prado Jr., 1953, p. 64). A nossa colonização foi sobretudo uma empreitada comercial. Os nossos colonizadores não tiveram — e dificilmente poderiam ter tido — intenção de criar na terra descoberta, uma civilização. Interessava-lhes a exploração comercial da terra. Daí, por isso mesmo, os anos em que ficou intocada, quase virgem da curiosidade, ou melhor, da operosidade lusitana. Desprezada e entregue às

---

25. O Brasil nasceu e cresceu sem experiência do diálogo. Sem direito à "fala" autêntica. De cabeça baixa. Com receio da Coroa. Sem imprensa. Sem contatos. Sem escolas. São de Vieira, num dos seus *Sermões*, citado por Berlinck, estas palavras: "Por isso Cristo nenhum enfermo curou com mais dificuldade, e em nenhum milagre gastou mais tempo, que em curar um endemoniado mudo. O pior acidente que teve o Brasil em sua enfermidade", continua Vieira, "foi o de tolher-se-lhe a fala" (Berlinck, s/d, p. 86).

26. "A força concentrou-se nas mãos dos senhores rurais. Donos das terras. Donos dos homens. Donos das mulheres. Suas casas representam esse imenso poderio feudal" (Freyre, 1954, v. I, p. 26).

incursões gulosas de aventureiros. É que, diante do que lhes oferecia a magnificência oriental, nada tínhamos que pudesse ser comparado. É que, também e por outro lado, à época do descobrimento, a população de Portugal, sendo insignificantemente pequena, não lhes permitia projetos de povoamento.

"O traço que nos permite distinguir", afirma o professor Nelson W. Sodré, "desde o início, o papel representado pela América portuguesa do desempenhado pelo Oriente, e que explica não só a espécie de abandono inicial em que permaneceu essa parte das possessões ultramarinas lusas como as diferenças em seu tratamento posterior, nos primórdios da colonização, consiste essencialmente em que o Oriente, mercê de seu desenvolvimento material, daquilo que, vulgarmente, se conhece como civilização, tinha produtos a oferecer ao tráfico, enquanto que os produtos da América não existiam, ou não eram conhecidos e procurados, ou careciam de valor" (Sodré, 1957, p. 14-5).[27]

Faltou aos colonos que para cá se dirigiam um ânimo fundamental, que teria dado, possivelmente, outro sentido ao desenvolvimento de nossa colonização. Faltou-lhes organicidade com a colônia. Com a terra nova. Sua intenção era realmente a de explorá-la. A de ficar "sobre" ela. Não a de ficar nela e "com" ela. Integrados. Daí, dificilmente, virem animosos de trabalhá-la. De cultivá-la.[28]

---

27. "Os prospectos da nova descoberta só mediana atração tinham para o soberano e seus navegadores, que a opulência da Índia embriagava. As sondagens ao sertão, nas expedições sucessivas, a riqueza que revelaram foi a do pau empregado na tinturaria, de que logo a Coroa assumiu o monopólio. A busca de metais preciosos, cuja existência se inferia dos que tinham achado na sua demarcação os espanhóis, resultaram infrutíferas. Pouco a pouco foi declinando o interesse, que a novidade do descobrimento acaso suscitaria, e as atenções permaneceram fixas no Oriente, fonte de riquezas tangíveis" (Azevedo, 1947, p. 237).

28. Referindo-se a este desamor à terra que dificultou, na verdade, a integração do homem com ela, afirma Nóbrega, em uma de suas cartas: "Esta terra hé tão pobre ainda agora, que dará muito desgosto aos oficiaes de V. A., que lá tem, com verem muito gasto e pouquo proveito ir de quá, maiormente haqueles que desejão mais irem de quá muitos navios carregados de ouro que pera o ceo muitas almas pera Christo, se se não remedear em parte com V. A. mandar moradores que rompão e queirão bem à terra, e com tirar oficiaes tantos e de tantos ordenados, os quais não querem mais que acabar seu tempo e ganhar seus ordenados, e terem alguma auzão de irem importunar a V. A.

E como este hé seu fim principal, não querem bem à terra, pois tem sua afeição em Portugal, nem trabalhão tanto pella favorecer por se aproveitarem de qualquer maneira que poderem. Isto hé o geral, posto que entre elles ayerá alguns fora desta regra" (Nóbrega, 1955, p. 114).

Neste mesmo sentido, afirma o grande mestre Gilberto Freyre: "É verdade que muitos dos colonos que aqui se tornaram grandes proprietários rurais não tinham pela terra nenhum amor nem gosto pela cultura."

A ideia de povoar, afirma Caio Prado (*id., ib.*, p. 17-8), não ocorre inicialmente a nenhum (refere-se aos povos que "*abordam a América*"). É o comércio que interessa, e daí o relativo desprezo por este território primitivo e vazio que é a América; e inversamente, o prestígio do Oriente, onde não faltava objeto para atividades mercantis. A ideia de ocupar, não como se fizera até então em terras estranhas, apenas como agentes comerciais, funcionários e militares para a defesa, organizados em simples feitorias destinadas a marcadejar com os nativos e servir de articulação entre as rotas marítimas e os territórios cobiçados; mas ocupar com povoamento efetivo, isto só surgiu contingência, necessidade imposta por circunstâncias novas e imprevistas.

Mas, mesmo assim, ao se criarem novas condições e surgirem as contingências que passariam a exigir dos descobridores mais do que simples feitorias comerciais", e sim o povoamento, de que resultaria uma maior integração do homem com a terra, o que se observou foi a tendência, ressaltada por Caio Prado Jr. (1956, p. 20), para procurarem os trópicos e neles se fixarem, somente aqueles que dispusessem de meios que os fizessem "empresários de um negócio rendoso; mas só a contragosto como trabalhador".

Ao lado disto e, possivelmente em parte por causa desta tendência, marchou a nossa colonização no sentido da grande propriedade. Da fazenda. Do engenho. Fazenda, engenho, terras grandes, imensas terras, doadas às léguas a uma pessoa só, que se apossava delas e dos homens que vinham povoá-las e trabalhá-las.

Nas grandes propriedades, separadas umas das outras pelas próprias disposições legais, por léguas, não havia mesmo outra maneira de vida, que não fosse a de se fazerem os "moradores" desses domínios, "protegidos" dos senhores. Tinham de se fazer "protegidos" por eles, senhores todo-poderosos, das incursões predatórias dos nativos. Da violência arrogante dos trópicos. Das arremetidas até de outros senhores. Aí se encontram, realmente, as primeiras condições culturológicas em que nasceu e se desenvolveu no homem brasileiro o gosto, a um tempo de mando-

---

E mais adiante: "Considerando o elemento colonizador português em massa, não em exceções, como Duarte Coelho — tipo perfeito de grande agricultor — pode dizer-se que seu ruralismo no Brasil não foi espontâneo, mas de adoção, imposto pelas circunstâncias. Para os portugueses o ideal teria sido não uma colônia de plantação, mas outra Índia com que israelitamente comerciassem em especiarias e pedras preciosas; ou um México ou Peru donde pudessem extrair ouro e prata" (Freyre, 1954: I, 124-5).

nismo e de dependência, de "protecionismo", que nos caracteriza ainda hoje e que ainda hoje constitui, como já afirmamos, um dos pontos de estrangulamento de nossa democratização. Ponto de estrangulamento também da, não só necessária, mas urgente e imprescindível "ideologia do desenvolvimento", enquanto a "ideologização", nas democracias, exige a participação do homem na incorporação das ideias. A ideologização de algo implica um teor de consciência crítica inexistente no homem "protegido", ou no homem "em situação" de proteção. Naquelas condições referidas se encontram as raízes das nossas tão comuns soluções paternalistas. Lá, também, o mutismo brasileiro.[29] Para nós, é preciso esclarecermos, o mutismo brasileiro existiu inclusive na "algazarra" dos primeiros comícios "democráticos" logo após a importação da democracia, forma de governo, a que faltaram os aspectos fundamentais à democracia, forma de vida.

Não há, realmente, como se possa pensar em "dialogação" com a estrutura do grande domínio, com o tipo de economia que o caracteriza, marcadamente autárquico. A "dialogação" implica uma mentalidade que não floresce em áreas fechadas, autarcizadas. Estas, pelo contrário, constituem o clima ideal para o não "diálogo". Para a verticalidade das imposições. Para a ênfase e a "robustez" dos senhores. Para o mandonismo. Para a lei dura, feita pelo próprio "dono das terras e das gentes".[30] Mesmo quando as relações humanas se façam, em certo aspecto, macias, de

---

29. Entendemos por mutismo brasileiro a posição meramente espectante do nosso homem diante do processo histórico nacional. Posição espectante que não se alterava em essência e só acidentalmente, com movimento de turbulência. Cessados os momentos de turbulência, a constante, mais uma vez, era o mutismo, o alheamento à vida pública. Por isso é que se faz interessante não confundirmos perturbações, que ainda são mutismo, com "voz" autêntica. Esta, que opomos aquele, se acha contida no nosso conceito de "dialogação", que corresponde ao de "parlamentarização" do professor Guerreiro Ramos. São sugestivas, neste aspecto, as palavras de Oliveira Viana (1955: I, 186): "Todo o aparente espírito eleitoral que o povo massa revelava — as suas agitações, os seus tumultos, as suas violências e desrespeitos à autoridade — não partiam propriamente desta massa, não eram iniciativa dela — e, sim, da nobreza, sempre apaixonada, dos senhores rurais, que a incitavam e induziam à luta."

30. "Em verdade, diz-nos Rugendas em sua *Viagem pitoresca através do Brasil*, à página 185, existem leis que impõem certos limites ao arbítrio e a cólera dos senhores, como por exemplo, a que fixa o número de chicotadas que é permitido infligir, de uma só vez, ao escravo, sem intervenção da autoridade; entretanto, como já dissemos acima, essas leis não têm força e talvez mesmo sejam desconhecidas da maioria dos escravos e senhores; por outro lado, continua o visitante, as autoridades se encontram tão afastadas que, na realidade, o castigo do escravo por uma falta verdadeira ou imaginária, ou os maus-tratos resultantes do capricho e da crueldade do senhor, só encontram limites no medo de perder o escravo, pela morte ou

senhor para escravos, no grande domínio, não há "diálogo". Há paternalismo. Condescendência de "adulto" para "menor". Assim é que, em tais circunstâncias, surpreendidas por estudioso de nossa formação, se fala de "bondade" do senhor. De sua "compreensão humana". De sua "condescendência". Condescendência e bondade de alguns senhores que atraíram muito negro de propriedades de senhores duros. A distância social existente e característica das relações humanas no grande domínio não permite a "dialogação". O clima da dialogação, pelo contrário, é o das áreas abertas, não autarcizadas. Aquele em que o homem desenvolve o sentido de sua participação na vida comum. A dialogação implica a responsabilidade social e política do homem. Implica um mínimo de consciência transitiva que não se desenvolve nas condições apresentadas ou oferecidas pelo grande domínio.

Não há autogoverno sem dialogação, daí ter sido entre nós desconhecido o autogoverno. Ou dele termos tido raras manifestações.

Nada, entre nós, de parecido com aquelas comunidades agrárias espanholas do estudo de Joaquim Costa, citado por Oliveira Viana (1955: I, cap. IV). Comunidades, de resto, conhecidas de toda a Europa. "Toda a humanidade europeia", afirma Oliveira Viana (*id., ib.*, p. 117), "evoluiu, desde os seus primórdios, sob este regime de vivência política". Entre nós, pelo contrário, o que predominou foi o mutismo do homem. Foi a sua não participação na solução dos problemas comuns. Faltou-nos, na verdade, com o tipo de colonização que tivemos, vivência comunitária. Oscilávamos entre o poder do senhor das terras e o poder do governador, do capitão-mor. A própria solidariedade aparentemente política do "homem massa" ao seu "senhor", ao proprietário das terras, quando esta "solidariedade" se fez necessária com a importação da democracia política, era, antes de tudo, uma solidariedade privada. Solidariedade privada, apenas alongada em solidariedade aparentemente política. Faltavam ao povo suportes culturológicos capazes de pôr essa solidariedade no plano legítimo da política. É que, em todo o nosso *background* cultural, inexistiam condições de experiência, de vivência da participação popular na coisa pública. Não havia povo.[31] Não será exagero falar-se de um

---

pela fuga ou no respeito à opinião pública". Este último limite deveria ser realmente o mais frágil deles.

31. Na página 198 do seu já referido estudo, em muitos aspectos interessantes, citando Feijó, comenta o senhor Berlinck: "Eu creio mesmo", dizia Feijó em 1838, quando a vontade de deturpar o Ato Adicional já assoberbara muitos homens públicos, "que não haja uma eleição

centro de gravitação de nossa vida privada e pública, situado no poder externo, na autoridade externa. Do senhor das terras. Dos representantes do poder político. Dos fiscais da Coroa, no Brasil Colônia. Dos representantes do Poder Central no Brasil Império. Faltavam circunstâncias que propiciassem ao povo, "experencialmente", a incorporação ou a "*introjeção*" da autoridade externa com que ele criasse a autoridade interna, indispensável aos regimes democráticos de vida.

Realmente, repita-se, com o tipo de exploração econômica, que caracterizou a nossa colonização, não teria sido possível a criação de uma vivência comunitária. Tudo nos levava à dispersão com a "propriedade sesmeira". Não podíamos, dentro dessas circunstâncias, marchar para formas de vida democráticas que implicam um alto senso de participação nos problemas comuns. Senso que se instala na consciência do povo e se transforma em sabedoria democrática. Nas circunstâncias de nossa colonização e de nosso povoamento, ao contrário, tudo nos levava a um fechamento extremamente individualista. "Cada família é uma república", afirma Vieira (citado por Oliveira Viana 1955, p. 151).

"Daí, diz-nos o sociólogo de "Populações Meridionais", o fato de a "comunidade de aldeia" ser, no Brasil, como traço etnológico ou cultural, uma estrutura ou uma tradição inexistente" (*id., ib.*).

Essas condições econômicas e as linhas de nossa colonização não poderiam, na verdade, permitir o surgimento de centros urbanos, com uma classe média fundada sobre lastro econômico razoável. Centros urbanos que fossem criados pelo povo e governados pelo povo, através de cuja experiência de governo fosse ele incorporando aquela sabedoria democrática a que chega o povo quando faz sua "sociedade com suas próprias mãos".[32] Ao invés de centros urbanos assim "feitos", de baixo para cima, à base da solidariedade política a associar os grupos humanos em comunidades, de que teria decorrido a nossa sabedoria democrática,

---

para juiz de paz que seja eleição do povo, três ou quatro indivíduos atropelam tudo e fazem o que querem".

32. "Foi então o Brasil uma sociedade quase sem outras formas ou expressões de *status* de homem ou família senão as extremas: senhor e escravo. O desenvolvimento de "classes médias" ou intermediárias de "pequena burguesia", de "pequena" e de "média agricultura", de "pequena" e de "média indústria" é tão recente, entre nós, sob formas notáveis, ou, sequer, consideráveis, que durante todo aquele período [refere-se ao período que vai do século XVI ao XIX] seu estudo pode ser quase desprezado; e quase ignorada sua presença na História Social da Família Brasileira" (Freyre, 1951: I, 52).

o que a história de nossas "instituições políticas" revela, ao contrário, é o surgimento de núcleos urbanos verticalmente criados. De núcleos urbanos nascidos de cima para baixo. Superpostos à realidade. Criados compulsoriamente, com sua população arrebanhada. Só uma vez ou outra excepcionalmente nascidos com a força e a vontade do povo. De estranhar seria, de fato, que esses centros urbanos tivessem nascido sob o impulso popular. Impulso do povo a quem vinham faltando condições necessárias para tê-lo.

Como a possibilidade de vida urbana, de vida democraticamente urbana, com o todo-poderoso econômico da grande propriedade? Com a sua autarcização? A grande propriedade, absorvente e asfixiante, fazia girar tudo em torno de si. Bem esclarecedoras são estas palavras de Oliveira Viana:

> No período colonial, os "engenhos reais" e as "fazendas de criação" atraíam o homem. Pela enormidade da sua base física e pela distância dos centros urbanos, o prendiam dentro dos seus limites; o fixavam; como que o absorviam. Com isto, iam sugando, por assim dizer, de toda a sua seiva humana os arraiais, as povoações, as vilas, as cidades. Daí, continua o grande mestre brasileiro, veio que os pequenos centros urbanos, que se puderam ou vieram a constituir-se ali, não eram, nem nunca foram centros residenciais para lavradores e criadores e apenas meros pontos de passagem de pouso ou de aprovisionamento de utilidades e vitualhas (1955, v. I, p. 149).

Por outro lado, a enormidade das terras, a "rala" população de Portugal, dificultando tentativas de povoamento, o espírito comercial da colonização — espírito de que derivou imediatamente a insulação da nova terra cerrada em si mesma[33] sem contatos a não ser com Portugal, fixariam a exploração da colônia nas já citadas bases do trabalho escravo. Trabalho escravo de que haveria de decorrer uma série enorme de compromissos, de estrangulamentos à formação de uma mentalidade democrática. De uma consciência permeável. De experiências de participação. De autogoverno. A própria indigência dos centros urbanos absorvidos e esmagados pela força da grande propriedade autarcizada era um desses

---

33. As restrições aos contatos da colônia não se cingiam apenas aos que poderiam ter com o exterior — o que ameaçaria os interesses de Portugal —, mas também aos que poderiam ter sido feitos internamente, de capitania para capitania. A ausência destes contatos talvez tenha agravado, em nós, o fraco senso do nacional, ainda hoje marcante e comprometedor do nosso processo democrático.

compromissos. Oliveira Viana chamou essa absorção esmagadora dos frágeis centros urbanos pelo grande domínio, de "função desintegradora dos grandes domínios" (*id., ib.*, p. 149). Nada escapava ao seu todo-poderosismo avassalador. Dentro da estrutura econômica do grande domínio, com o trabalho escravo, não teria sido possível um tipo de relação humana que pudesse criar disposições mentais flexíveis, capazes de levar o homem a formas de solidariedade que não fossem as exclusivamente privadas. Nunca, porém, as de solidariedade política. Condições culturais desfavoráveis à formação desta solidariedade, é claro, igualmente entre os "donos das terras" e das "gentes" também. Não há dúvida, repitamos, de que as disposições que esse clima favorecia se desenvolvessem seriam antes e logicamente as de mandonismo, as do interesse privado sobrepondo-se ao público. As de submissão. As das mãos estendidas. As do outro polo: as de distúrbios e ameaças, todas reveladoras do já assinalado "mutismo nacional".

"Quem chegou a ter título de senhor", diz-nos Antonil (1950, p. 27), "parece que em todos quer dependência de servos." E, mais adiante, combatendo a violência do feitor:

> Aos feitores de nenhuma maneira se deve consentir o dar couces, principalmente na barriga das mulheres, que andão pejadas, nem dar com páo nos escravos, porque na cólera se não medem os golpes, e podem ferir mortalmente na cabeça a hum escravo de préstimo (*id., ib.*, p. 38).

Continuando a analisar as relações humanas no "engenho real" diz mais adiante o arguto Antonil:

> No Brasil costumão dizer que para o escravo são necessários três P.P.P., a saber, pão, páo, e panno. E posto que comecem mal, principiando pelo castigo, que he o páo; contudo provera Deos, que tão abundante fosse o comer, e o vestir, como muitas vezes he o castigo dado por qualquer cousa pouco provada ou levantada etc. (*id., ib.*, p. 55).

Em verdade, o que caracterizou, desde o início, a nossa colonização, foi, sem dúvida, o poder exacerbado. Foi a robustez do poder em torno de que foi se criando um quase gosto (Gilberto Freyre) masoquista de ficar sob ele a que correspondia outro, o de se ser o todo-poderoso. Poder exacerbado a que foi se associando sempre submissão. Submissão de que decorria, em consequência, "ajustamento", não propriamente concordante, ou discordante, mas "acomodado" (v. nota 16 do Capítulo I, p. 37).

O ajustamento "acomodado" exige uma dose mínima de razão ao homem, em troca de um máximo de emocionalidade. É, desta forma, este comportamento característico de estágios rígidos e autoritários. O ajustamento feito à base da concordância ou da discordância, pelo contrário, exige um máximo de razão ou de consciência crítica. Este é o ajustamento característico dos regimes democráticos. Daí a permeabilidade e a plasticidade necessária à consciência do homem nas democracias.

O problema do "ajustamento acomodado" ou através de "acomodação" se vincula ao do "mutismo" a que já nos referimos, como uma das consequências imediatas de nossa "inexperiência democrática". Na verdade, no ajustamento por meio da "acomodação", o homem não "dialoga", isto é, não participa. Pelo contrário, se acomoda a determinações que se superpõem a ele. As disposições mentais que criamos nestas circunstâncias foram assim disposições mentais rígidas e autoritárias. Acríticas.

"Ninguém se abala a passar por um soldado raso de guarda ou a ler um edital pregado à parede" — são de Luccock (1951, p. 63) as palavras — "sem executar qualquer ato de respeito..." "Respeito que, a bem dizer", afirma Saint-Hilaire (1945, p. 193), "adquiriam com o leite que mamavam", maneira irônica de se referir à herança cultural de nossa "inexperiência democrática".

Esta foi, na verdade, a constante de toda a nossa vida colonial. Sempre o homem esmagado pelo poder. Poder do senhor de terras. Poder dos governadores gerais, dos capitães generais, dos vice-reis, do capitão-mor. Nunca, ou quase nunca, interferindo na constituição e na organização da vida comum. Sempre perdido na dispersão tremenda de terras imensas. Perdido e vencido por essas imensidades, a que tipo de colonização teria de levar, dificultando, assim, o desenvolvimento das aglomerações urbanas. Aglomerações urbanas em que teria exercitado, se florescidas desde o início de nossa colonização sob o impulso da vontade popular, posições diferentes. Posições democráticas. De que teriam nascido e se desenvolvido outras disposições mentais ou outros estados de espírito e não os que se consubstanciaram e que nos marcam ainda hoje. Estados de espírito ou atitudes que revelam constantemente nossa "inexperiência democrática".

"Nosso processo de povoamento e de colonização", afirma Oliveira Viana (1955, p. 150-2), "repelia a vivência em comunidade, o aglomerado de residências" e, mais adiante,

Como, pois no meio desta dispersão — que vem desde os primeiros dias da colônia — as estruturas de solidariedade social e os 'complexos culturais' correspondentes poderiam ter ambiente para se formar, e se desenvolver, e se cristalizar em usos e costumes e tradições?

Assim vivemos todo o nosso período de vida colonial. Pressionados sempre. Quase sempre proibidos de crescer. Proibidos de falar. A única voz, no silêncio a que éramos submetidos, que se podia ouvir, era a do púlpito. As restrições a nossos contatos, até os internos, de capitania para capitania, eram as mais drásticas. Contatos que, não há dúvida, nos teriam aberto possibilidades outras no sentido das indispensáveis trocas de experiências com que os grupos humanos se aperfeiçoam e crescem. Contatos que vão levando os grupos humanos, pelas observações mútuas, a retificações e ao seguimento de exemplos. Somente o isolamento imposto à colônia, fechada nela mesma, e tendo por tarefa bastar as exigências e os interesses cada vez mais gulosos da metrópole, revelava claramente a verticalidade e a impermeabilidade antidemocrática da política da Corte.

Não nos importa discutir se outra poderia ter sido a política dos colonizadores — aberta, permeável, democrática. O que nos importa afirmar, porém, é que, com essa política de colonização, com seus moldes exageradamente tutelares, não poderíamos ter tido experiências democráticas.

> De fato, a quem parece faltar na análise de nossa formação, uma visão mais crítica de nossas condições faseológicas atuais, neste país quase não tem havido aspirações democráticas: tal foi o carneirismo em que nos criou a metrópole portuguesa, tal foi o macaqueamento dos governantes de após a independência, dos métodos coloniais, que até hoje, pode se afirmar que no Brasil as aspirações democráticas são incipientes, e pior que isso, mal recebidas por aqueles que têm cultura suficiente para guiar os ignorantes (Berlinck, 1954, p. 9).

Não se fale, por exemplo, como tentativa de negação de nossa "inexperiência democrática", das coloniais câmaras municipais, dos seus senados, dos seus vereadores. Câmaras municipais e senados em que tivesse o povo exercitado o governo de seus municípios. Não se fale dessas câmaras municipais e desses senados precisamente porque, mais uma vez, a sua existência e o seu funcionamento o que revelam é, antes, a ausência de participação do "povo massa" na sua vida, no seu funcionamento. Estas câmaras, "estas corporações" — são de Oliveira Viana as palavras — "no período colonial, não eram, nem nunca foram organizações de tipo *democrático*; eram corporações do tipo *oligárquico e aristocratizado*, não tendo o povo — como elemento de expressão da massa — nenhuma participação nelas" (1955: I, 161).

Com a exclusão do homem comum do processo eletivo — não votava nem era votado —, proibida a ele qualquer ingerência, enquanto homem comum, nos destinos de sua comunidade, havia então de emergir uma classe de homens privilegiados que, estes sim, governassem a comunidade municipal. Esta era a classe dos chamados "homens bons", com "seus nomes insertos nos livros da nobreza, existentes nas câmaras".

Eram os representantes da nobreza dos engenhos, dos poderosos da terra, dos "nobres de linhagem aqui chegados". Como era a classe dos chamados "homens novos" — os novos-ricos da época — enriquecidos no comércio e promovidos a essa nobreza, já pelos serviços prestados à cidade, já pela sua conduta.

Ao lado, posto à margem, sem direitos cívicos, estava o homem comum, o "povo massa", irremediavelmente afastado de qualquer experiência de autogoverno. De "dialogação". Constantemente submetido. "Protegido." Capaz, na verdade, de "algazarra", que é a "voz" dos que se tornam "mudos" na constituição e crescimento de suas comunidades, quando ensaiam reação qualquer. Nunca, porém, capaz de "voz". "Voz" que o povo inexperimentado dela só consegue quando novas condições faseológicas vão surgindo e propiciando a ele os primeiros ensaios de "dialogação", ou de "parlamentarização" no conceito de Guerreiro Ramos. É o que vem acontecendo entre nós, repetimos, com o impacto da industrialização, no momento atual da vida brasileira.

O que se precisa afirmar e até reforçar, porém, é que o povo não passa de um estágio para o outro, sem compromissos ou disposições mentais, ou estados de espírito, que tenham se corporificado nele, no estágio anterior, integrando-se na sua "experiência". Quer dizer, não pode o povo passar da "assistencialização" — máximo de apatia, de braços cruzados, com relação à vida pública — à "dialogação" ou à "parlamentarização" — máximo de participação no processo — como se passa de uma rua para a outra, às vezes despreocupadamente até. Já chamamos a atenção, na discussão dos elementos de que vem se nutrindo nossa atualidade, para este aspecto — o descompasso entre as nossas disposições mentais impermeavelmente antidemocráticas, corporificadas na longa experiência "assitencializadora" em que surgimos e crescemos e a cada vez maior necessidade que estamos tendo de interferir no ritmo de nosso desenvolvimento. De interferir também no ritmo de nossa democratização. Necessidade de interferir nesses processos provocada pelas condições faseológicas atuais, fortemente marcadas pela industrialização, que vem modificando rapidamente a nossa estrutura, às vezes, ou quase sempre, ainda bem colonial. Necessidade de participar, quer dizer, de "dialogar", de "parlamentarizar", comprometida, porém, não é demais repetirmos, por toda essa experiência de passividade, de "assistencialização", que nos marca profundamente.

Estávamos assim "conformados" em um tipo de vida rigidamente autoritária, nutrindo-nos de experiências verticalmente antidemocráticas, em que se formavam e robusteciam sempre mais as nossas disposições mentais também e forçosamente antidemocráticas, quando circunstâncias especiais alteraram o compasso de nossa vida colonial.

Forçado por estas circunstâncias, chega ao Rio de Janeiro, em 1808, dom João VI, "príncipe com poderes de rei" (Freyre, 1951, v. I, p. 113). Chega-se e instala-se com toda a sua corte que viria alterar intensamente os costumes, as formas de ser das gentes, não só do Rio de então, atrasada e suja cidade, mas de outros centros provinciais, estimulados pelos prazeres da vida que a corte ostentava.

Não há dúvida de que a presença entre nós da família real e, mais do que isso, a instalação da sede do governo português no Rio de Janeiro teria de provocar alterações profundas na vida brasileira. Alterações que se de um lado poderiam trabalhar no sentido de propiciar ao homem brasileiro — pelo menos ao homem livre — novas condições com que pudesse ele realizar novas experiências, agora de sentido democrático, por outro lado, antagonicamente, reforçava as velhas tradições verticalmente antidemocráticas. Desta forma, observou-se com a chegada da corte portuguesa ao Brasil, nos princípios do século passado, o primeiro surto de reformas de que iria surgir, entre outros, o reforço do poder das "cidades, das indústrias ou atividades urbanas". O nascimento de escolas. De imprensa. De biblioteca. De ensino técnico. São de mestre Gilberto Freyre, considerando o crescente poder das cidades face ao declínio do patriciado rural, estas palavras:

> Com a chegada de Dom João VI ao Rio de Janeiro, o patriciado rural, que se consolidara nas casas-grandes de engenho e de fazenda — as mulheres gordas, fazendo doce, os homens muito anchos dos seus títulos e privilégios

de sargento-mor e capitão, de seus púcaros, de suas esporas e dos seus punhais de prata, de alguma colcha da Índia, guardada na arca, dos muitos filhos legítimos e naturais espalhados pela casa e pela senzala — começou a perder a majestade dos tempos coloniais. Majestade que a descoberta das minas, acrescenta, já vinha comprometendo (*id., ib.*).

Essa transferência de poder ou de "majestade" do patriciado rural. Consolidado nas "casas-grandes", para as cidades, então começando a tomar posição diferente — participante — na vida do país, não significava ainda, porém, a participação do homem comum nos destinos de sua comunidade. A grande força das cidades estava na burguesia que se fazia opulenta enriquecendo no comércio e substituindo o todo-poderosismo do campo. Estaria também e depois nas ideias dos bacharéis, filhos dos campos, mas homens fortemente citadinos. Doutores formados na Europa e cujas ideias eram discutidas em nossas amplamente analfabetizadas províncias, como se fossem centros europeus.

As alterações que se processaram, realmente grandes, não tinham nem podiam ter, ainda com a preservação do trabalho escravo impedindo novos surtos de desenvolvimento, que o trabalho livre provocaria, força de promoção do povo, daquele estado de "assistencialização" a que fora sempre submetido, para o de, mesmo incipiente, participação. Só a partir, repita-se, dos primeiros surtos de industrialização, implicando modificações de nossa economia, mais fortemente neste século, é que se pode, na verdade, falar de um legítimo ímpeto popular. De uma "*voz*" do povo. Não "algazarra" do povo.

Observou-se ainda, como consequência, ou como uma das dimensões deste surto de renovação e de alterações que o país sofreu, com a chegada da corte, e em contradição com longínquas e tênues condições de democratização que poderiam ter surgido, porventura, com a vida das cidades, a europeização ou a reeuropeização do país, a que se aliou todo um conjunto de procedimentos antidemocráticos, a reforçar a nossa "inexperiência democrática".

> ... é que, paralelo ao processo de europeização ou reeuropeização do Brasil que caracterizou, nas principais áreas do país, a primeira metade do século XIX, aguçou-se, entre nós, o processo, já antigo, de opressão não só de escravos ou servos por senhores, (...) de africanos e indígenas por portadores exclusivistas da cultura europeia, agora encarnada principalmente nos moradores principais das cidades (Freyre, 1951, p. 688).

E mais adiante, dando provas de até onde chegava esse todo-poderosismo:

> O direito de galopar ou esquipar ou andar a trote pelas ruas das cidades repita-se que era exclusivo dos milicianos. O de atravessá-las montado senhorilmente a cavalo era privilégio do homem vestido e calçado à europeia (*id., ib.*, p. 689).

É Gilberto Freyre, ainda referindo-se a aspectos da europeização e reeuropeização, sobretudo do Recife, para ele mais "característica que qualquer outra cidade brasileira, exceção feita da metrópole (sob alguns aspectos, atípica) do processo de reeuropeização, ou europeização, da paisagem, da vida e da cultura brasileiras", quem afirma:

> Assim, ficava proibido, na cidade do Recife, a partir de 10 de dezembro de 1831, fazer alguém "vozerias, alaridos e gritos pelas ruas", restrição que atingia em cheio os africanos e as suas expansões de caráter religioso ou simplesmente recreativo (*id., ib.*, p. 692-3).

Continuávamos, assim, a alimentar a nossa "inexperiência democrática" e a dela nos alimentarmos. Com imposições. Com descobrimento de nossas realidades. Com a superposição a elas de modos de ser estranhos em grande parte à sua índole.

E seria sobre esta vasta "inexperiência democrática", assim caracterizada por uma mentalidade feudal, alimentando-se de uma estrutura econômica e social inteiramente colonial, que inauguraríamos a grande tentativa de um estado democrático.

Importamos as estruturas do estado nacional democrático, com todo o arcabouço de suas leis, sem nenhuma prévia consideração a nosso contexto. Posição típica ou atitude normal dos grupos humanos que ainda não ganharam lucidamente a apropriação do seu ser. Posição ou atitude de alienação cultural, característica da inautenticidade dos povos colonizados. A de se voltarem gulosos e até messianicamente para as suas matrizes formadoras ou para outras, consideradas em nível superior ao seu, em busca de solução para seus problemas particulares, inadvertidos de que não existem soluções pré-fabricadas e rotuladas para este ou aquele problema, inseridos nestas ou naquelas condições especiais de tempo e de espaços culturais. Qualquer ação que se superponha ao problema ou ao contexto em que acontece o problema, implica uma inautenticidade, por isso mesmo o fracasso da tentativa.

Importávamos o Estado democrático não apenas quando não tínhamos nenhuma experiência de autogoverno acumulada durante toda a nossa vida colonial, experiência de dialogação, mas também e sobretudo quando não tínhamos ainda condições institucionais capazes de oferecer ao povo inexperimentado, circunstâncias ou clima para as primeiras experiências verdadeiramente democráticas. Isto é, superpúnhamos a uma estrutura economicamente feudal e a uma estrutura social em que o homem quedava vencido, esmagado e mudo, uma forma política e social, cujos fundamentos exigiam, ao contrário do mutismo, a dialogação, a participação, a responsabilidade, política e social. A solidariedade social e política, também a que não poderíamos chegar, tendo parado, como paráramos, na solidariedade privada, revelada numa ou noutra manifestação, como o "mutirão".

"Repousa, com efeito, o funcionamento regular deste tipo de Estado", afirma Oliveira Viana, referindo-se ao Estado democrático, na existência, no *povo massa*, "de umas tantas condições culturais e psicológicas, que constituem a essência de todo o regime democrático, ou mais exatamente, de todo Estado-nação, democraticamente organizado" (1955: I, 195). E continua:

> Uma destas condições indispensáveis a uma execução eficiente deste novo regime é o *sentimento do Estado Nacional*, isto é, a consciência, em cada cidadão do povo massa, de um destino ou uma finalidade *nacional* ao mecanismo do governo e da administração centrais (*id., ib.*).

Onde, porém, buscarmos as condições de que tivesse emergido uma consciência popular democrática, permeável e crítica, sobre que se tivesse podido fundar autenticamente o mecanismo do Estado democrático, messianicamente transplantado?

No nosso tipo de colonização à base do grande domínio? Nas estruturas feudais de nossa economia? No isolamento em que crescemos, até internamente? No todo-poderosismo dos senhores "das terras e das gentes"? Na força do capitão-mor? Do sargento-mor? Dos governadores gerais? Na "fidelidade" à Coroa? Naquele gosto excessivo da obediência, a que Saint-Hilaire se refere como sendo adquirido pelo leite mamado? Nos centros urbanos criados verticalmente, sem o pronunciamento do povo? Na escravidão? Nas proibições inúmeras à nossa indústria, à produção de tudo que afetasse os interesses da metrópole? Nos nossos anseios, às vezes até líricos, de liberdade, sufocados, porém, pela violência da metrópole?

Na educação jesuíta, verbosa e superposta à nossa realidade, em grande parte?

Na inexistência de instituições democráticas? Na ausência de circunstâncias para o diálogo em que surgimos e em que crescemos? Na autarcização dos grandes domínios, asfixiando a vida das cidades? Nos preconceitos contra o trabalho manual, mecânico, decorrente da escravidão e que provocavam uma cada vez maior distância social entre os homens? Nas câmaras e nos senados municipais da colônia, vivendo de eleitos cujos nomes haviam de estar inscritos nos livros da nobreza? Câmaras e senados de que não podia participar o homem comum, enquanto homem comum? No descaso à educação popular a que sempre fomos relegados?

Onde as condições de que tivessem emergido e se nutrido disposições mentais críticas e por isso mesmo permeavelmente democráticas? Na força das cidades, fundada no poderio de uma burguesia enriquecida no comércio, que substituiu o poder do patriciado rural em decadência?

Não, estas não teriam sido condições que tivessem constituído aquele "clima cultural específico" ao surgimento dos regimes democráticos. A democracia, que antes de ser forma política é forma de vida, que se caracteriza sobretudo por forte dose de transitividade de consciência no comportamento do homem. Transitividade que não nasce nem se desenvolve a não ser dentro de certas condições em que o homem seja lançado ao debate, ao exame de seus problemas e dos problemas comuns. Em que o homem participe.

"A democratic reform", afirma Zevedel Barbu, "or democratic action in general, has to be brought about not only with the assent of the people, but by their hand". "Now", continua o psicólogo romeno,

> this is obviously true, but it requires certain qualifications. In order to make their society 'by their hand' the members of a group have to possess considerable experience in, and knowledge of, public administration. They need also certain institutions which allow them to take a share in the making of their society. But, they need something more than this; they need a specific *frame of mind*, that is, certain experiences, attitudes, prejudices and beliefs shared by them all, or by a large majority[34] (Barbu, 1956, p. 13).

---

34. "Uma reforma democrática, ou uma ação democrática em geral, tem de 'ser levada a efeito não apenas com o consentimento do povo, mas por sua mão'. Agora, isto é obviamente verdadeiro, mas requer certas qualificações. A fim de fazer sua sociedade 'por suas próprias mãos', os membros de um grupo têm de possuir considerável experiência em e conhecimento de administração pública. Necessitam também de determinadas instituições que lhes permitem

Entre nós, tem acontecido exatamente o contrário. O alheamento do povo. O seu quietismo. A sua "assistencialização". De algum tempo para cá, na verdade, sendo substituídos por anseios e ímpetos de participação.

O que se pode afirmar é que, de modo geral, ou o povo ficava à margem dos acontecimentos ou a eles era levado, quase sempre, mais como "algazarra" mesmo, do que porque "falasse" ou tivesse *voz*. O povo assistiu à proclamação da República "bestificado" — foi a afirmação de Aristides Lobo, repetida por todos. Não terá sido realmente apenas a proclamação da República a que ele tenha assistido "bestificado". Fernando de Azevedo (1958, p. 30) acrescenta mais recentemente o "golpe de Estado de 10 de novembro de 1937, sem qualquer participação das camadas populares".

Ainda hoje, apesar de todas as condições favoráveis à democratização política e cultural que estamos vivendo, sente-se claramente um gosto às vezes irreprimível pelas soluções verticais, antidemocráticas. Algumas vezes "cordeiramente" vestido este gosto de eufemismos como "soluções de emergência" ou "esquemas" para salvar a democracia...

Outras vezes apresentado pelo próprio nome, o de formas ditatoriais.

O que assusta sobretudo a nossa "inexperiência democrática" e a vem assustando cada vez mais é a crescente participação do povo nos acontecimentos políticos brasileiros. Daí a procura de soluções que levem o país àquela curiosa "democracia sem povo", anotada lucidamente pelo professor Djacir Menezes e já várias vezes citada por nós.

Acreditamos, porém, na diluição da nossa ostensiva "inexperiência democrática", a pouco e pouco abalada pela força das novas condições faseológicas brasileiras, inauguradas com os primeiros surtos de industrialização do país e que vem implicando a substituição de nossas estruturas coloniais. "Inexperiência" que será substituída por outra forma de experiência — a da "dialogação", a da "parlamentarização", em consonância com o clima cultural novo, que vem ampliando incoercivelmente as áreas de participação do povo.

Daí, para nós, o nosso grande problema está em sabermos dar um passo. Dar o passo da "assistencialização" para a "dialogação". Dar o passo da autoridade externa, impermeável e autoritária, rígida e antide-

---

participar na feitura de sua própria sociedade. Mas, eles precisam de algo mais: necessitam de uma *estrutura de mentalidade*, ou seja, certas experiências, atitudes, pré-noções e crenças partilhadas por todos, ou por uma ampla maioria." (T. do O.)

mocrática, que nos marcou intensamente, para a autoridade interna, permeável, crítica, plástica, democrática. O problema está, então, em "*introjetarmos*" a autoridade externa e darmos nascimento à autoridade interna, à razão ou à consciência transitivo-crítica, indispensável à democracia. Alguns dos descompassos de nossa vida democrática ainda estão situados aí: no descompasso entre a autoridade externa que a nossa "inexperiência democrática" insiste ainda em enfatizar e a interna, que ainda não chegou a corporificar-se. Estamos, assim, vivendo um momento também difícil, chamado de crítico, precisamente porque de transição. Daí insistirmos tanto nas relações de organicidade do nosso processo educativo com a nossa atualidade tão rica de contrários, no sentido de diminuí-los. Sobretudo no sentido de ajudar, em conexão com o clima cultural presente, a incorporação, na experiência do homem brasileiro, de formas de vida democráticas.

CAPÍTULO III

Discutimos, nos capítulos precedentes, o que consideramos a antinomia fundamental de nossa atualidade, a que se ligam, ramificando-se, outras tantas dimensões de nosso processo histórico-cultural. Referimo-nos à antinomia "inexperiência democrática" — "emersão do povo na vida pública nacional", em decorrência dos incontidos impulsos democráticos, derivados da industrialização do país. Quer dizer, "de transformações da infraestrutura que levam o país à superação do caráter reflexo de sua economia" (Ramos, 1958, p. 20).

O grande problema de nossa educação atual, o seu mais enfático problema, é o de sua inadequacidade com o clima cultural que vem se alongando e tende a se alongar a todo o país. É uma educação em grande parte, ou quase toda, fora do tempo e superposta ao espaço ou aos espaços culturais do país. Daí a sua inorgacidade. A sua ineficiência, contra que vem se levantando "criticamente" conscientes os Anísio Teixeira, os Fernando de Azevedo, os Lourenço Filho, os Almeida Júnior, os Faria Gois, os Artur Rios, os Roberto Moreira, para só citar estes.

Parece-nos que uma das fundamentais tarefas da educação brasileira, vista sob o ângulo de nossas condições faseológicas atuais, será, na verdade, a de criar disposições mentais no homem brasileiro, críticas e permeáveis, com que ele possa superar a força de sua "inexperiência democrática".[35] Superar esta força e, perdendo o quase assombro em que

---

[35]. Cada vez mais necessita o homem brasileiro de atitudes mentais que o possibilitem realizar em melhores condições o seu ajustamento a um mundo em ritmo de mudanças rápidas, que exige crescente flexibilidade mental e iniciativa. Que exige decisão. Que requer, na afirmação de Zevedel Barbu em *Democracy and dictatorship* (*op. cit.*, p. 87) — "more confidence

se acha hoje, inserir-se à vontade no clima da participação e da ingerência. E isto, em todos os graus. No da educação primária. No da média. No da universitária. E em qualquer tipo de ensaio. No técnico. No humanista. Mais que isso. O problema transcende as próprias instituições pedagógicas de educação formal e exige planejamento que envolva a própria estrutura de instituição em que a educação se processa informalmente, mas de que derivam marcas às vezes ou quase sempre tão fortes quanto as deixadas pela escola.[36] (II) Em certos casos, até mais fortes.

---

in the capacity of his own mind to grasp the relation between things, to organize his environment, and to discover new forms of adjustment" ["mais confiança na capacidade da própria mente para apreender a relação entre as coisas, organizar seu ambiente e descobrir novas formas de ajustamento" (T. do O.)].

36. Referindo-se à necessidade de ampliação das esferas da ação educativa nas sociedades em que o povo assume posições participantes — em parte o nosso caso —, afirma Mannheim, em *Diagnóstico de nuestro tiempo*, p. 84-5:

"Ningun sistema educativo es capaz de mantener en la nueva generación la estabilidad afectiva y la integridad mental, a menos que esté unido en una estrategia común con las influencias sociales que actúan fuera de la escuela. Sólo mediante la cooperación con ellas, y en nuestros días de modo especial, es posible poner un freno a las influencias sociales que, de outra suerte, desorganizan la vida de la comunidad.

Pero tan pronto como las masas hacen políticamente activas, son necesarias nuevas formas de educación, y selección y mantenimiento de los patrones normativos en extremo individualizados de la *élite* transforman en asuntos que interesan a todo el público. En esta fase ya nos es posible limitar el problema de la educación a la escuela". ["Nenhum sistema educativo é capaz de manter, na nova geração, a estabilidade afetiva e a integridade mental, a menos que esteja unido em uma estratégia comum com as influências sociais que atuam fora da escola. Somente mediante a cooperação com elas, de modo especial em nossos dias, é possível pôr um freio nas influências sociais que, de outra sorte, desorganizam a vida da comunidade. Contudo, tão logo as massas se tornem politicamente ativas, são necessárias novas formas de educação, seleção e manutenção dos padrões normativos, individualizados ao extremo nas elites, transformam-se em tema de interesse de todo o público. Nesta fase podemos limitar o problema da educação escolar". (T. do O.)] São sugestivas, neste sentido, as palavras do professor L. Thomas Hopkins (1941, p. 113): "... the school is only one of the many occasions for each individual to become educated" ["... a escola é apenas uma das muitas ocasiões em que cada indivíduo pode se tornar educado." (T. do O.)] E mais adiante: "The adults who struggle for bargaining position around a council table to settle a difference of opinion between the management and the workes are engaged in na educational activity which may have profound effect upon the future behavior of thousands of people. The parent", continua o professor de Columbia, "in the home who is trying to reach an understanding with his four-year-old boy about some problem of their general living is engaged in a very important educational activity". ["Os adultos que lutam pela troca de posição numa mesa de conselho para estabelecer a diferença entre administradores e trabalhadores estão envolvidos em uma atividade educativa, que deve provocar efeitos profundos no futuro comportamento de milhares de pessoas. Os pais, em casa, que tentam chegar à compreensão de um problema de sua vida geral, com seu filho de quatro anos de idade, estão engajados em uma atividade educacional muito importante." (T. do O.)]

Principalmente no homem chamado do povo, cuja escolaridade, quando tem, vem se fixando, em média, entre dois e três anos.

Instituições ou agências sociais, particulares ou públicas, ao lado das próprias empresas, grandes ou pequenas, que poderiam estar adotando procedimentos de que resultasse o exercício do autogoverno por parte de seus clientes como de seu operário. Exercício de participação e de crítica. De sugestões ao próprio comando da empresa, através de um sem-número de meios. Exercícios, assim, de ingerência, ao em vez do "paternalismo ilustrado de la empresa industrial (que) puede llevar consigo al fracaso y descartar de esa manera los principios sobre los que afirma basarse: los principios de las modernas normas de 'relaciones humanas'"[37] (Drucker, 1954, p. 155).

Desta forma, necessitamos, no momento, não apenas de uma revisão de todo nosso processo educativo, verbosamente assistencialista e por isso mesmo antidemocrático, com que substituamos a "atitude" atual de nossa escola diante de sua contextura, mas, também, de planejamento que vise a situar todas essas agências sociais, assim como empresas, que agregam homens em torno de trabalho ou de assistência, em uma linha diferente. Em diferente "atitude". Naquela a que nos referimos na introdução deste estudo: a do trabalho do homem com o homem.

Revisão do nosso processo educativo de que surja o seu enraizamento na realidade local, ampliando-se aos planos regional e nacional.

Assim, o problema se faz amplamente político. E político não só no sentido da indispensável descentralização da educação, ardente e lucidamente defendida pelo professor Anísio Teixeira, mas também no da planificação de medidas com que se obtenham reformas no comportamento das agências particulares, extrapedagógicas.

Temos insistido, em todo o desenvolvimento de nosso estudo, na necessidade de nos pormos em posição orgânica face aos problemas de nossa sociedade, para a validade de nossos projetos. Mais ainda — para que possamos projetar. Posição somente esta, que dará autenticidade a esses projetos. E idêntica àquela sugerida por Mannheim, quando afirma que "hemos de enfrentar los acontecimientos futuros en el plano de un

---

37. "paternalismo ilustrado da empresa industrial (que) pode levar consigo ao fracasso e descartar, dessa maneira, os princípios sobre os quais afirma basear-se: os princípios das modernas normas de 'relações humanas'". (T. do O.)

pensamiento consciente, enraizado en el conocimiento concreto de la sociedad" (1946, p. 12).[38]

E é exatamente o "conhecimento concreto" de nossa sociedade ou de aspectos mais importantes de sua atualidade, que nos adverte de certos perigos para nossa democracia em aprendizagem, paradoxalmente contidos entre as mesmas forças que nos estão levando à democratização. Que estão levando o homem brasileiro à posição participante no processo político nacional.

Expliquemo-nos: é que se de um lado a industrialização vem retirando o homem nacional de sua tradicional posição quietista ou de seu também tradicional mutismo, jogando-o nas aglomerações urbanas, às lutas de suas reivindicações, promovendo-lhe a consciência intransitiva à transitivo-ingênua com que, mais permeável, ganha "voz", que antes não tinha, de outro, a industrialização vem intensificando formas "assistencializadoras" de ação, já analisadas por nós e que, "domesticando" o homem, lhe dificultam a promoção da consciência ingênua à crítica, somente com a qual chegaremos à democracia como forma de vida, permeável e flexível, sobre que se fundará a democracia, forma de governo.

Referimo-nos, já, à distorção a que está sujeita a consciência transitivo-ingênua, promovida automaticamente pela industrialização, a formas intensamente impermeáveis e rígidas que caracterizam a massificação.

O que teremos de fazer, no caso, é aproveitar as forças positivas da industrialização — aquelas que impulsionam o homem às posições participantes — e atacar todas as outras, de que decorra ou possa decorrer a passividade ou passionalidade no comportamento do nosso homem.

Certos, assim, de que a "participação" decorrente de posições passionais ou míticas não se deve confundir nem identificar com a população verdadeiramente democrática. Nesta, ao contrário daquela, que se caracteriza por forte teor de emocionalidade, há lucidez, há criticidade.

Temos, então, de nos capacitar desta verdade: uma sociedade que vem sofrendo alterações tão radicais e às vezes até bruscas, como a nossa, e em que as transformações tendem mais e mais a contar com a participação do povo, que já não se satisfaz, como antes, com as velhas

---

38. "[...] temos de enfrentar os acontecimentos futuros no plano de um pensamento consciente, enraizado no conhecimento concreto da sociedade." (T. do O.)

posições quietistas diante dos problemas, necessita de uma reforma urgente e total no seu processo educativo. Reforma, repita-se, em adequação com as suas condições especiais. E mais ainda, que atinja a própria organização e o próprio trabalho de agências ou instituições sociais outras, ultrapassando os limites mesmos das estritamente pedagógicas.

Necessitamos de todo um clima favorável ao desenvolvimento da decisão. Vale, em que se estimule a consciência transitivo-crítica. Neste sentido, faz Mannheim afirmações que se ajustam bem às nossas condições atuais ou, mais precisamente, às condições que começamos a viver. Textualmente, diz ele:

> pero en una sociedad en la que los cambios más importantes se producen por medio de la deliberación coletiva y en donde las revaloraciones deben basarse en el consentimiento y en la comprensión intelectual, se requiere un sistema completamente nuevo de educación; un sistema que concentre sus mayores energias en el desarrollo de nuestros poderes intelectuales y que dé lugar a una estructura mental capaz de resistir el peso del escepticismo y de hacer frente a los movimientos de pánico cuando suene la hora de la desaparición de muchos de nuestros hábitos mentales (Mannheim, 1946, p. 31-2).[39]

Se, na verdade, ainda não vivemos uma fase, como de resto já o ressaltamos, em que "as mudanças mais importantes se produzam por meio da deliberação coletiva", o crescente ímpeto popular nos levará a este ponto, desde que não haja involução nele, que o deforme ou o distorça, fazendo-o mais fortemente passional que crítico.

Este, portanto, dos mais importantes objetivos de nosso trabalho educativo atual. Neste aspecto, se nos afigura ele altamente humanista. Trabalho que, mais amplamente, será de uma política de planificação democrática, em consonância com a nossa atualidade. Planificação que não significa dirigismo, ou coordenação dirigista, como advertiria Mannheim.

---

39. "[...] mas, em uma sociedade em que as mudanças mais importantes se produzem por meio da deliberação coletiva e onde as revalorações devem basear-se no consentimento e na compreensão intelectual, requer-se um sistema completamente novo de educação; um sistema que concentre suas maiores energias no desenvolvimento de nossos poderes intelectuais e que dê lugar a uma estrutura mental capaz de resistir ao peso do ceticismo e de fazer frente aos movimentos de pânico, quando soa a hora da desaparição de muitos de nossos hábitos mentais." (T. do O.)

Discutamos, inicialmente, a revisão de nosso agir educativo, partindo de nossa escola primária.

O seu grande óbice, talvez o maior mesmo, se encontra no centralismo asfixiante de nossa política administrativa, tão combatido pelo professor Anísio Teixeira. Centralismo que, segundo já acentuamos na introdução e sobretudo no primeiro capítulo deste estudo, é uma das manifestações de nossa "inexperiência democrática". Daí a sua preservação, em que pesem as críticas que lhe são feitas. Em que pesem as sugestões no sentido de sua superação. "Tenhamos, pois", brada Anísio Teixeira, "o elementar bom-senso de confiar no país e nos brasileiros, entregando-lhes a direção dos seus negócios e sobretudo, da sua mais cara instituição — a escola, cuja administração e cujo programa deve ser de responsabilidade local, assistida e aconselhada tecnicamente pelos quadros estaduais e federais" (Teixeira, 1957, p. 53).

Este centralismo, que envolve todo o nosso agir educativo, é antes uma posição política. É uma atitude enraizada em nossas matrizes culturais. É a ele que se deve, em grande parte, a inorganicidade de nossa educação. E isto porque é do centro que se ditam as normas, distanciadas assim das realidades locais e regionais a que devem se aplicar. Daí a necessidade, enfatizada por Anísio Teixeira, de uma reforma antes de tudo política, de que nascesse a organicidade de nossa educação.

A escola, neste caso, passaria a ser uma instituição local, "feita e realizada sob medida para a cultura da região, diversificada, assim, nos seus meios e recursos, embora una nos objetivos e aspirações comuns" (*id., ib.*, p. 52).

O seu enraizamento nas condições locais e regionais, sem esquecer os aspectos nacionais, é que possibilitará o seu trabalho de identificar seu educando com o seu tempo e o seu espaço. E isto porque a sua programação será a própria vida comunitária local, tanto quanto possível trazida para dentro da escola, como pesquisada e conhecida fora dela.

Trabalho de identificação do educando com a sua contextura, feito em grupo, mesmo que não seja a sua individualidade esquecida, de modo que se vá dando ao brasileiro o sentido de equipe, que o prepare para a solidariedade social e política.

Desta forma, encaminharemos o nosso agir educativo no sentido da consciência do grupo, e não no da ênfase exclusiva do indivíduo. Sentimento grupal que nos é lamentavelmente ausente. As condições histórico-culturais em que nos formamos e que analisamos no capítulo anterior nos levaram a esta posição individualista. Impossibilitaram a criação do homem "solidarista", só recentemente emergindo das novas condições culturais que vivemos, mas indeciso nessa solidariedade e necessitando, por isso mesmo, de educação fortemente endereçada neste sentido. De educação que deve desvestir-se de todo ranço, de todo estímulo a esta culturológica marca individualista. Que dinamize, ao contrário, o espírito comunitário.

Somente uma escola centrada democraticamente no seu educando e na sua comunidade local, vivendo as suas circunstâncias, integrada com seus problemas, levará os seus estudantes a uma nova postura diante dos problemas de contexto. À intimidade com eles. A da pesquisa em vez da mera, perigosa e enfadonha repetição de trechos e de afirmações desconectadas das suas condições mesmas de vida. A do trabalho. A da vitalidade, em vez daquela que insiste na transmissão do que Whitehead chama de "'inert ideas'" — that is to say, ideas that are merely received into the mind without being utilised, or tested, or thrown into fresh combinations"[40] (Whitehead, 1955, p. 1-2). Escola que, plural nas suas atividades, criará circunstâncias as quais provoquem novas disposições mentais no brasileiro, com que se ajustará em condições positivas ao processo de crescente democratização que vivemos. Escola que se faça uma verdadeira comunidade de trabalho e de estudo, plástica e dinâmica. E que, ao em vez de escravizar crianças e mestras a programas rígidos e nocionalizados, faça que aquelas aprendam sobretudo a aprender. A enfrentar dificuldades. A resolver questões. A identificar-se com a sua realidade. A governar-se, pela ingerência nos seus destinos. A trabalhar em grupo.

Não há nada que mais contradiga a rebelião popular — uma das mais promissoras notas do clima cultural novo que estamos vivendo — do que uma escola que não jogue o seu educando às experiências do debate e da análise dos problemas e que não lhe propicie condições de verdadeira participação. Vale dizer, uma escola que, em vez de se identificar com a força de democratização, característica da nova cultura que vivemos agora, intensifique a nossa "inexperiência democrática", alimentando-a.

---

40. "[...] 'ideias inertes' — isto é, ideias que são meramente recebidas pela mente, sem serem utilizadas, testadas ou utilizadas em novas combinações." (T. do O.)

Não será demais afirmarmos que nossa escola vem fazendo exatamente isto. Vem perdendo-se em estéril bacharelismo, oco e vazio. Bacharelismo estimulante da palavra "fácil". Do discurso verboso. Da "assistencialização" educativa que, não há dúvida, é eminentemente antidemocrática. E será o diálogo democrático que possibilitará em nós a criação de hábitos de servir. "Estes hábitos de 'servir' ao bem comum", diz Oliveira Viana (1950, p. 34), "se incutidos metodicamente, acabarão penetrando o subconsciente do brasileiro, transformando-se em sentimentos: *em sentimento do dever cívico; em sentimento do bem comum; em consciência coletiva; em preocupação dominante do interesse público:* — e a revolução estará feita", conclui otimista.

Parece-nos esta afirmação de Oliveira Viana incidir num dos aspectos centrais, nevrálgicos, de todo o nosso esquema educativo. De nossa educação para a democracia.

Entre nós, a educação tem de ser, acima de tudo, uma tentativa constante de mudança de atitude. De criação de disposições mentais democráticas, através de que se substituam no brasileiro antigos e culturológicos hábitos de passividade, por novos hábitos, de participação e ingerência. Hábitos de colaboração. Aspecto estes já afirmado várias vezes por nós e reafirmado com a mesma força com que muita coisa considerada óbvia, neste país, precisa ser realçada. Aspecto importante de nosso agir educativo, pois, se faltaram condições no nosso passado histórico-cultural, que nos tivessem dado, como a outros povos, uma constante de hábitos solidaristas, política e socialmente, que nos fizessem autênticos dentro da moldura do Estado-nação em que vivemos, da forma democrática de governo, resta-nos, então, aproveitando as condições do novo clima cultural, eminentemente propícias à democratização, apelar para a educação como ação social, através de que incorporemos ao brasileiro estes hábitos.

O nosso grande desafio, por isso mesmo, nas novas condições da vida do brasileiro, não é só o do alarmante índice de analfabetismo e a sua consequente erradicação.[41] Não será a exclusiva erradicação do analfabetismo que atingirá totalmente a nossa antinomia fundamental. É evidente que a extinção do analfabetismo criará melhores condições para a mão de obra especializada de uma sociedade em processo de desenvolvimento. Cada vez mais necessitada de trabalho qualificado. De

---

41. A percentagem de adultos analfabetos é estipulada em 50% da população nacional (MEC, *Educação para o desenvolvimento*, 1958).

operariado capacitado tecnicamente, a que se pode chegar com maior facilidade, quando se conta com homens alfabetizados, entendendo-se por alfabetização mais que ler e escrever rudimentarmente. O problema para nós prossegue, transcende a erradicação do analfabetismo e se situa na necessidade de erradicarmos também a nossa "inexperiência democrática", através de uma educação para a democracia, numa sociedade que se democratiza. Não será, porém, com essa escola desvinculada da vida, centrada na palavra, em que é altamente rica, mas na palavra "milagrosamente" esvaziada da realidade que deveria representar, pobre de atividades em que o educando ganha experiência do fazer, que daremos ao brasileiro ou desenvolveremos nele a criticidade de sua consciência, indispensável à nossa democratização.

Não será essa escola,[42] de quatro a até três horas diárias, parada mais de três meses ao ano, com professores mal preparados, devido mesmo à deficiência das escolas normais, escola perdida, toda ela, ou quase toda, no nervosismo imposto pelo cumprimento dos programas, feitos às vezes até revelando certa intimidade com problemas locais e regionais mas, cedo, "verbalizados", transformados assim em noções que se ditam e impõem ao educando, que irá integrar esse educando academizado com as realidades, agora, desgraçadamente, nacionalizadas. Escola que, diminuída no seu tempo, está intimamente ligada à falsa concepção que temos de sua instrumentalidade — falsa concepção que Anísio Teixeira chama de "concepção mágica ou mística da escola" (Teixeira, 1956, p. 147-339).

Não será com essa escola, hoje ainda mal preparada materialmente, sem equipamentos, sem adequado material didático, sem condições higiênicas, sem vitalidade, sem verba, que poderemos ajudar o nosso

---

42. Escola a que vem faltando, desastradamente, integração com atividades artísticas. Atividades artísticas de que era lícito esperar os mais positivos resultados no sentido da liberação da personalidade do educando. De seu equilibrado desenvolvimento. De seu bom ajustamento social, até. "It is emphasized that artistic activity as a natural activity of man's mental nature not only leads to the successful achievement of painting, a sculpture or other art form, but it helps to make a whole man; helps to establish him on more satisfactory terms with himself and with, his world. In stiffer terms, it has educational and therapeutic values. It is important to the development of personallity and social, adjustement." Apresentação "The unfolding of artistic activity" (*in The Creative Process*, University of California Press). ["É enfatizado que a atividade artística, enquanto atividade natural da natureza mental humana, não só conduz ao sucesso na pintura, escultura, ou outra forma de arte, como também ajuda a construir o homem integral; ajuda a estabelecê-lo em melhores termos consigo mesmo e com seu mundo. Em termos mais precisos, ela possui valores educacionais e terapêuticos. Ela é importante para o desenvolvimento da personalidade e o ajustamento social." (T. do O.)].

educando a inserir-se no processo de democratização e de nosso desenvolvimento.

Não será com o descaso ainda ostensivo dos poderes públicos, sobretudo federais, pelo problema da escola primária brasileira em oposição aos gastos, às vezes não muito bem aplicados, com o ensino superior, que faremos uma escola primária capaz de cumprir a sua tarefa de dar educação básica ou fundamental ao povo brasileiro.[43]

Nada, ou quase nada, que se desenvolva no nosso estudante o gosto da pesquisa, da constatação, da revisão dos "achados" — o que implicaria o desenvolvimento da consciência transitivo-crítica — estamos fazendo, em nossa escola. Pelo contrário, o seu comportamento perigosamente superposto à realidade ou à sua contextura tempo-espacial intensifica no nosso estudante a sua consciência ingênua.[44] (VI) A própria posição de nossa escola, acalentada ela mesma pela sonoridade da palavra fácil, pela memorização de trechos enormes, pela desvinculação da realidade, pela tendência a reduzir todos os meios de aprendizagem às formas meramente nocionais, já é uma posição caracteristicamente ingênua.

Cada vez mais nos convencemos, aliás, de se encontrarem na nossa "inexperiência democrática" as raízes deste nosso gosto da palavra oca. Do verbo. Da ênfase nos discursos. Do torneio da frase. É que toda esta manifestação oratória, quase sempre também sem profundidade, revela, antes de tudo, uma atitude mental. Revela ausência de permeabilidade, característica da consciência crítica. E é precisamente a criticidade a nota fundamental da mentalidade democrática. Quanto mais crítico um grupo humano, tanto mais democrático e permeável, em regra. Tanto mais democrático, quanto mais organicamente ligado às condições de sua circunstância. Tanto menos experiências democráticas, que exijam dele o conhecimento de sua realidade, pela participação nela, pela sua intimidade com ela, quanto mais superposto a essa realidade e inclinado a formas ingênuas de encará-la. A formas ingênuas de percebê-la. A formas

---

43. Para a comprovação estatística do que afirmamos, remetemos o leitor ao estudo minucioso dos professores Ricardo Moura e Jesus Belo Galvão, assessores do Conselho de Desenvolvimento. *Análise do esforço financeiro do poder público com a educação — 1948-1956*. Anexo ao relatório final da comissão de Educação e Cultura do Conselho do Desenvolvimento, instituída para estudar e estabelecer as metas de educação para o desenvolvimento. Rio de Janeiro.

44. A contradição entre a nossa educação escolar e o nosso tempo é tal que levanta no professor Anísio Teixeira a convicção de que se está a criar um novo problema — o da educação em si mesma (1956, p. 146).

verbosas, palavrescas, de representá-la.[45] Quanto menos criticidade em nós, tanto mais ingenuamente tratamos os problemas e discutimos superficialmente os assuntos. Esta nos parece mesmo a grande característica negativa de todo o nosso agir educacional — a de vir enfatizando cada vez mais em nós as posições ingênuas, que nos deixam sempre na periferia de tudo o que tratamos. Pouco, ou quase nada, no nosso processo educativo, que nos leve a posições mais indagadoras, mais inquietas, mais criadoras. Tudo, ou quase tudo vem nos levando, desgraçadamente, pelo contrário, à passividade, ao conhecimento memorizado apenas que, não exigindo de nós elaboração ou reelaboração do que quereremos conhecer, nos deixa em posição de inautêntica sabedoria.

Observe-se como vêm coincidindo entre nós, com exceções que não chegam a modificar o quadro geral, a incidência de nosso gosto pelas manifestações verbais e a nossa enfática "inexperiência democrática". À nossa cultura fixada na palavra corresponde a nossa inexperiência do diálogo, da inquirição, da investigação, da pesquisa que, por sua vez, estão intimamente ligados à criticidade, nota fundamental da mentalidade democrática.

"Dão a vida por falar, (os brasileiros) mesmo quando é para não dizer nada" — são palavras de Ina Von Binzer, arguta observadora de nossos costumes, que esteve entre nós no século passado.

> Com a eloquência que esbanjam num único discurso, continua a educadora alemã, poder-se-iam compor facilmente dez em nossa terra; embora não possuam verdadeira eloquência nem marcada personalidade, falando todos com a mesma cadência tradicional usada em toda e qualquer circunstância. Tudo é exterior, continua, tudo gesticulação e meia cultura. O fraseado pomposo, a eloquência enfática já são por si próprios falsos e teatrais; mas, se você tirar a prova real, se indagar sobre qualquer assunto, não se revelam capazes de fornecer a informação desejada (Binzer, 1956, p. 78).

---

45. "Mas não se pode deixar de reconhecer que a ela" — refere-se Fernando de Azevedo (1958b: III, 222) à cultura uniformizante assimiladora das classes intelectuais — "é que se prendem alguns dos maiores defeitos de nossa cultura — a tendência excessivamente literária, o gosto da erudição pela erudição, o pendor ou a resignação fácil às elegâncias superficiais do academismo, o desinteresse pelas ciências experimentais, a indiferença pelas questões técnicas e, ainda o divórcio entre o povo e os criadores intelectuais, na política, na literatura, e nas artes". Será que tudo é o resultado dessa "cultura geral eminentemente uniformizante", dessa cultura acadêmica e verbal, ou, pelo contrário, essa cultura acadêmica e verbal, inclinada à erudição pela erudição, à palavra pela palavra, não será a consequência de uma forma da vida rígida e autoritária, que caracterizou a nossa formação?

Observe-se, por outro lado, como, somente de algum tempo para cá, se vem sentindo maior preocupação em nos fazermos orgânicos com relação à nossa realidade, em caráter sistemático. É que o impacto da industrialização, estimulando e acelerando a urbanização do país, vem oferecendo circunstâncias novas que o estão levando a uma cada vez maior consciência de si mesmo, com o alargamento da consciência do homem brasileiro, inserido no processo de democratização cultural e política.

Daí a nossa insistência no aproveitamento de nossas condições atuais, altamente favoráveis à revisão de nossa escola. Ao chamamento dela até a sua realidade local e regional. Ao esvaziamento de suas manifestações ostensivamente palavrescas. À superação de posições reveladoras de descrença no educando. Descrença no seu poder de fazer, de trabalhar, de discutir e debater. Ora, a democracia e a educação democrática — educação de que precisamos — se fundam ambas, precisamente, na crença no homem. Na crença em que ele não só pode, mas deve discutir os seus problemas. Os problemas de sua comunidade. Os problemas de seu trabalho. Os problemas da própria democracia.

Como, porém, aprender a discutir e a debater numa escola que não nos habitua a discutir, porque impõe? Ditamos ideias. Não trocamos ideias. Discursamos aulas. Não debatemos ou discutimos temas. Trabalhamos sobre o educando. Não trabalhamos com ele. Impomo-lhe uma ordem a que ele não se ajusta concordante ou discordantemente, mas se acomoda. Não lhe ensinamos a pensar, porque recebendo as fórmulas que lhe damos, simplesmente as "guardas". Não as incorpora, porque a incorporação é o resultado da busca de algo, que exige, de quem o tenta, esforço de realização e de procura. Exige reinvenção.

Não será possível, repita-se, com uma escola assim, formarmos homens que se integrem neste impulso de democratização que nos caracteriza atualmente. E não será possível porque esta escola contradiz este impulso e enfatiza a nossa "inexperiência democrática". É uma escola em relação de antinomia com a emersão do povo na vida pública brasileira. E, por isso mesmo, comprometedora de nossa democratização.

Insistimos então na necessidade que tem o nosso tempo em ritmo acelerado de mudanças de ter, em nossas escolas, não apenas centros de alfabetização de nossos meninos, mas centros onde formem hábitos de solidariedade e de participação.[46] Hábitos de investigação. Disposições

---

46. "No podemos detener los cambios sociales, con los que tendrán que enfrentarse nuestros hijos, ni aislar las escuelas del resto del mundo. Ni los más conservadores esperan

mentais críticas. Oportunidades de participação no próprio comando da escola, através de sugestões, muitas possivelmente inadequadas, cuja inviabilidade será demonstrada pelo educador. "If we want the child grow up", afirma o professor Lauwerys, "into an active and willing participant in the life of his community, we must make him an active and willing participant in his own education" (Lauwerys, 1955, p. 53-4).[47]

Daí afirmarmos constantemente: o que importa, sobretudo, é superarmos, em obediência às novas e incontestáveis condições da vida brasileira, caracterizadas pela mudança de posição do povo, de um estado meramente espectante para o participante da vida nacional, todo o nosso processo educativo, intensamente decorativo. Processo que, "destinado ao preparo das nossas diminutas classes de lazer e de mando, mando muito mais decorrente do 'prestígio' social dessas classes do que de sua competência e, por isso mesmo, fácil de ser exercido — podia ser puramente 'decorativo' e ainda assim, atingir os seus objetivos" (Teixeira, 1957, p. 40).

Nas condições atuais do país, não. Já não é possível uma educação assim. A emersão do povo na vida nacional está a exigir toda uma revisão em nosso arcaico sistema educacional.

A essa escola verbalista, propedêutica antidemocrática, por isso mesmo cada vez mais superposta à sua comunidade, oponhamos uma outra escola. A escola centrada na sua comunidade local, vinculada à regional e à nacional. Escola de trabalho, que se incorpore ao ritmo de uma sociedade em processo de desenvolvimento como a nossa. E não esta, que aí temos, pondo toda a sua ênfase no trabalho meramente in-

---

que sus hijos vivan en el mundo que ellos han conocido. Se ven obligados a aceptar la educación con vistas al cambio, no a un ajuste imitativo, y la educación basada en la suposición de que sus hijos deberán resolver los nuevos problemas que el porvenir les plantee. Además, puede considerarse a la escuela no sólo como una introducción a una sociedad ya dinámica, sino como un agente de los cambios sociales" (Mannheim, 1946, p. 297). ["Não podemos deter as mudanças sociais, como as que terão que enfrentar nossos filhos, nem isolar as escolas do resto do mundo. Nem os mais conservadores esperam que seus filhos vivam no mundo que eles conheceram. Veem-se obrigados a aceitar a educação com vistas à mudança, não a um ajuste imitativo, e a educação baseada na suposição de que seus filhos deverão resolver novos problemas que o futuro lhe coloque. Além disso, pode-se considerar a escola não somente como uma introdução em uma sociedade já dinâmica, assim como um agente de mudanças sociais." (T. do O.)]

47. "Se queremos que a criança cresça numa desejada e ativa participação na vida de sua comunidade, devemos torná-la desejosa e ativa participante de sua própria educação." (T. do O.)

formativo. Intelectual. Aguçando os seus ouvidos quase de tísica, diria Gilberto Freyre, aos eu fiz, tu fizeste, ele fez, ritmadamente cantados. Aos quatro vezes dezesseis. Aos Pará, capital Belém. Aos Bulgária, capital Sofia. Escola que vira as costas às vezes desdenhosamente, mas sempre lamentavelmente contra a vida. Ela, que devia estar integrada aos valores de seu espaço local, regional e nacional e de seu tempo, pelo contrário, se fecha a esses valores todos ou os reduz a dimensões meramente intelectuais. O que faz, então, a escola assim, ao em vez de integrar o seu educando, é "domesticá-lo", pelo "assistencialismo" verbal de que o alimenta.

Ao contrário desta, aquela outra, centrada na comunidade e formadora de hábitos, "deverá, assim, organizar-se para dar ao aluno, nos quatro anos do seu curso atual e nos seis a que se deve estender", diz Anísio Teixeira, "uma educação ambiciosamente integrada e integradora".

> Para tanto, continua o mestre brasileiro, precisa, primeiro, de tempo: tempo para se fazer uma escola de formação de hábitos (e não de adestramento para passar em exames) e de hábitos de vida, de comportamento, de trabalho e de julgamento moral e intelectual (Teixeira, s/d, p. 7).

Será esta, sobretudo, uma escola intensamente inclinada às relações. Ela não se satisfaz em ser "ilha". Ela não teme contatos, porque sabe que dos contatos resultará enriquecida, enquanto igualmente enriquecerá. Ela não se fecha em si mesma, tímida e medrosa de encontros. Encontros com as famílias de seus alunos. Encontros com as agências sociais de sua esfera de influência. É aberta. É dinâmica. Flexível. Plástica. Democrática, por tudo isso. Disposta sempre a rever os seus planos, ajustados invariavelmente à sua realidade local e regional e em obediência ao sentido da unicidade nacional.

Está inteiramente convencida de que há de se fazer uma agência local, participante da vida comunitária, para que possa influir no seu desenvolvimento. Sabe que seu aluno tem raízes que se fincam em espaços que lhe dão cores, e que desconhecer esses espaços com suas condições implica dificilmente conhecer, compreender e ajudar seu aluno.

O que esta escola, em relação de organicidade com as nossas condições faseológicas atuais, de sociedade em processo de industrialização, tem mesmo de fazer, é integrar-se ao seu meio e ao seu tempo. As suas relações com as outras agências e com as outras escolas, dentro do seu sistema, implicarão a sua vitalidade e a troca de experiências indispensáveis.

É aí, aliás, que ela poderá ajudar, em muito, a identificação do nosso homem com o processo de democratização que nos caracteriza. É que, ao travar relações que devem ser cada vez mais íntimas com as famílias de seus alunos, deve ela criar um clima propício à participação, à ingerência daquelas no seu destino. Quer dizer, as suas relações com as famílias dos educandos, sistemáticas e conscientemente críticas, devem se fazer no sentido da criação e da ampliação da postura participante da família, em alguns de seus problemas, até agora em regra, considerados privativos seus. Erradamente considerados, acrescente-se. É o clima da dialogação que a escola há de criar para as famílias a ela ligadas. Clima eminentemente democrático, com que a escola, integrada com a nossa problemática e em fidelidade às suas mais enfáticas notas, ajudará a diminuir o descompasso entre a dimensão externa e a interna de nossa democracia. E isto porque esta dialogação implicará o oferecimento às famílias de oportunidades, de condições, em que experimentem o autogoverno.

Em estudo inegavelmente muito bom, faz o professor José Artur Rios considerações interessantes a propósito do papel que cabe à educação numa sociedade industrial, ou industrializando-se, como a nossa. Educação interessada sobretudo na formação democrática do homem dessas sociedades, que corre o risco, repitamos nos outros, de massificar-se cada vez mais.

"A democracia não pode subsistir apenas", são do professor Rios as palavras, "pelo funcionamento de suas instituições políticas formais". E logo após:

> É antes de tudo, uma mentalidade, um sistema de vida, e sua prática não se limita ao recinto dos Congressos ou das repartições. Terá de começar, continua, no jardim de infância e na escola, estender-se aos grupos de jovens e estar presente onde quer que um punhado de homens se reúna para discutir assuntos relativos ao bem comum (Rios, 1954, p. 23).

E é essa presença da democracia nas discussões dos problemas comuns que a escola deve promover nos seus encontros com as famílias de seus alunos e também nos seus encontros com seus alunos.

Os círculos de pais e mestres, assim tão acadêmica e bacharelescamente chamados, podem e devem, esvaziando-se dessa ênfase que os vem caracterizando entre nós, ser um dos meios desta experiência de debate democrático. Por isso é, então, que eles têm de se fazer à base das técnicas de discussão de grupo, na escola que nos interessa. Nunca, ou quase nunca, fora dessas técnicas. São elas que os fazem informais e vivos. São elas que lhes dão um clima dinâmico, favorável por isso mesmo à revisão de conceitos. É a dinâmica da discussão que irá levando os grupos de pais a rever até suas atitudes em torno, não apenas de assuntos ou de problemas de educação estritamente familiar, mas também a propósito de assuntos de interesse comum.

São reuniões que devem evitar a verbosidade, a eloquência, até mesmo verdadeira, a sonoridade das palavras, os discursos, as "tiradas" em que tanto perdemos. Pelo contrário, devem insistir em todo procedimento que leve o nosso homem a atitudes críticas. À análise de suas próprias afirmações e das afirmações dos demais. Deve ser afetado, então, todo procedimento de que possa decorrer a preservação de posições ingênuas. Por isso que as palestras e conferências feitas para grandes auditórios deixam muitas vezes esses auditórios em posições mais ingênuas que críticas, devem ser evitadas.

As reuniões que esta escola democrática há de fazer serão com pequenos grupos, previamente acertadas, cujo tema será também previamente conhecido das duas partes que o discutirão. Escola-família.

O que há realmente de mais importante e oportuno nestas reuniões é a possibilidade que elas oferecem à escola de proporcionar às famílias condições de ingerência nos seus destinos. E esta ingerência será, na verdade, um aprendizado existencial da democracia, que a escola de que precisamos, democrática por excelência, enraizada na sua comunidade, oferecerá aos pais dos seus alunos. E a eles também.

A dialogação das famílias com esta escola se fará crescente na medida em que se ampliem as áreas de sua ingerência. Esta ampliação vai se realizar sobretudo com o chamamento que a escola deve fazer às famílias, agregadas em associação, para participar de sua direção. Vê-se, assim, como cada vez mais pode caber à escola estimular o surgimento daqueles "grupos primários", referidos por Mannheim, cujos efeitos educativos são de inestimável valor no mundo atual.

Os Círculos de Pais e Professores podem e devem fazer-se meio para a criação das associações de famílias, dentro de cada escola.

Na medida em que se vinculem umas com as outras, bem motivadas pela escola, vai se fazendo fácil, a partir de estímulo objetivo, levá-las a criar sua associação. Com sua diretoria. Com seus objetivos e finalidades. Mas, "desacademizada", "desbacharelizada".

A discussão do problema de merenda escolar, numa das escolas em que tentamos experiência desta ordem, foi a força motivadora para a criação de um "clube dos pais", que de dois anos a esta parte vem sempre e sempre ganhando participação na vida da escola e de seus filhos, em harmonia com a direção e o corpo docente da referida unidade pedagógica (v. Anexo I).

Imagine-se o que resultaria de experiência democrática, de autogoverno, numa área qualquer, mesmo de cidade grande, em que toda uma cadeia de escolas primárias e médias com a elaboração da universidade, ligadas entre si e entrosadas nos seus planejamentos, fosse estimulando a criação de "grupos primários", por sua vez em conexão uns com os outros. Escolas em revisão constante de suas experiências e de suas "atitudes". Ligadas aos problemas gerais de sua comunidade local. Ligadas às fábricas. Aos clubes. Às escolas beneficentes. À vida inteira, afinal, de sua localidade. Identificando seus alunos com suas dificuldades. Estudando essas dificuldades com seus alunos. Com as associações de pais. Com especialistas. Levando seus alunos, em função dos interesses, às fábricas, aos bancos, aos postos de saúde e trazendo a seus alunos fábricas, bancos, postos de saúde por meio de seus representantes (ver Olsen, 1951).

Imagine-se o que não poderiam escolas assim fazer no sentido da "ideologia do desenvolvimento nacional", através de cursos em que fossem esses problemas discutidos com a presença do especialista.[48]

Imagine-se o que não poderiam obter escolas assim democraticamente abertas, com a motivação das famílias a elas ligadas e ampliando essa motivação a outros grupos da comunidade local, no sentido da reforma de deficiências da própria comunidade. Deficiências de que muitas vezes resultam compromissos para a saúde comum.

Deixaria de ser então a escola esta quase "ausência" nas áreas onde se instala e passaria a ser o que deve ser: "presença" atuante. "Presença"

---

48. Cada vez se faz mais importante, entre nós, que as nossas escolas primárias — e não só elas — se alonguem em autênticos centros de educação de adultos, oferecendo-lhes cursos rápidos e variados, com que vão ajudando-os a justar-se à sociedade em transição que estamos vivendo. A educação de adultos, para a sua responsabilidade social e política, é uma das enfáticas exigências da nossa democracia em elaboração ou em aprendizagem.

interferente no seu contexto. Algo vivo e organicamente integrado no seu contexto.[49]

É o caso, por exemplo, de escolas situadas em áreas não saneadas que podem, levantando o problema concretamente, sugerir que as associações de pais, juntamente com outros grupos locais e a colaboração do poder público, cheguem à sua solução.

O que importa é que a escola de nossa atualidade eduque seu aluno e suas famílias no sentido da responsabilidade social e política, de que somos tão carecentes ainda. Responsabilidade que só se ganha vivendo. Que só se obtém inserido em projetos onde seja ela experimentada.

O que importa é que a escola de nossa atualidade, permeável e flexível, fazendo-se centro comunitário, exercite os grupos em torno dela existentes, na análise crítica da problemática local, regional e nacional.[50] Exercite esses grupos a ela ligados na identificação com os aspectos fundamentais dessa problemática. Posição decorrente da análise crítica anterior. E será essa análise crítica de nossa problemática, a ser feita e refeita constantemente, que irá dando à escola de que precisamos a tarefa de "ideologizadora" desses grupos no processo de nosso desenvolvimento.[51]

Não estamos realmente emprestando sentido messiânico à escola. Estamos, sim, afirmando e reclamando o seu papel democratizador. Papel que a fará autêntica dentro das condições culturais da nossa atualidade. O que a faz, entre outros aspectos, desatualizada, ineficiente e inorgânica, é a sua insistência em ser bacharelescamente antidemocrática, numa fase

---

49. Esta é exatamente a escola de que precisamos e que Mannheim chama de "agente de los cambios sociales".

50. Para isso é preciso que essa escola conte com a colaboração imprescindível de cientistas sociais e de técnicos vários, como assistentes sociais.

Este é um dos aspectos por que vemos com não apenas crescente simpatia, mas, sobretudo, com confiança, os centros regionais de pesquisas educacionais e sociais, criados pelo professor Anísio Teixeira. A tarefa que esses centros desempenharão na reformulação de nosso processo educativo será incontestável.

51. Esta é a tarefa a que não pode fugir nossa escola, desde que centrada nas nossas necessidades, a de se preocupar com a informação e a formação dos adultos, pais de seus alunos. Daí a necessidade de ser seu pessoal preparado nos métodos, processos e técnicas da educação de adultos. Técnicas de educação informal. De discussão em grupo. Parece-nos importante, por isso, que as escolas normais comecem a pôr suas alunas em contato com métodos, processos e técnicas da educação de adultos. Os próprios Círculos de Pais e Professores são um capítulo dessa educação.

eminentemente democrática de nossa história. A sua inadequacidade, a sua inoperosidade estão sobretudo em que, oca e decorativa, ela vem renunciando a uma fundamental tarefa que as sociedades democráticas modernas ou em processo de democratização apontam às suas escolas — a da criação de atitudes, a da mudança de atitudes no sentido da democracia. A de "criar o caráter democrático", diz Johnson (1956, p. 1).

Mantendo-se propedêutica e superposta à sua comunidade, ausente por isso mesmo de sua realidade, ela é e vem sendo uma instituição dolorosamente perdida no tempo e no espaço.

É urgente que nossa escola se centre nas nossas condições culturais de hoje para que não apenas ajude a nossa democratização, mas também evite perigos contidos no próprio ímpeto de participação popular. É que o novo clima que o país está vivendo — o da emersão do seu povo na vida pública —, clima em elaboração, precisa, para se fazer autêntico, de cada vez mais condições com que vença o seu grande contrário — o clima da passividade e o da "assistencialização" em que surgimos e crescemos. Ou melhor, com que vença as marcas de que o seu contrário nos impregnou e que, inseridas em nós, estrangulam o nascimento de novas disposições adequadas ao clima de hoje. Mais ainda, precisa de um clima que seja capaz de, aproveitando todo o ímpeto do povo, consubstanciado no que se vem chamando de rebelião popular, lhe dê condições de estabilidade e de equilíbrio. E isto só a educação faz, mas uma educação em relação de organicidade com o seu tempo e o seu espaço, e não superposta a eles — livresca e vazia a nossa, em grande parte. A escola de que precisamos, assim viva, assim democrática — assim formadora de hábitos, e não meramente propedêutica —, não é escola que apareça por acaso. Sobretudo não é escola que funcione por acaso. Aqui, também, o nosso grande problema é o de passagem ou do trânsito da escola livresca e antidemocrática para a escola democrática — formadora de hábitos de trabalho, de participação, de crítica, de solidariedade, com que o nosso educando, desenvolvendo a sua dialogação, se integre, com autenticidade, no clima cultural que ora vivemos. É que, mesmo vivendo este clima novo, de crescente democratização, insistimos, quase automaticamente, nas fórmulas passadas, que caracterizam a nossa passividade ou a nossa "inexperiência democrática".[52]

---

52. Referindo-se aos termos mais recentes de nossa atualidade em oposição a outros mais do ontem de nossa formação, adverte-nos o professor Fernando de Azevedo em *A educação*

Daí o ponto de estrangulamento que essa "inexperiência democrática" ainda continua representando para os surtos de democratização de que vem derivando aquela rebelião popular. Neste sentido é que estamos sendo, cada vez mais dramaticamente, uma sociedade em trânsito. Em trânsito de uma mentalidade rigidamente autocrática, de posições espectantes, para uma mentalidade permeavelmente democrática, de posições participantes. E a dramaticidade desse trânsito está exatamente no que possa acontecer no sentido de sua distorção.

É bem verdade que já contamos com o fundamental para obtermos esta nova postura de nossa escola. Já temos condições culturais favoráveis. Condições que estão incrementando o clima cultural propício às experiências democráticas que, se aproveitadas e "trabalhadas" pela educação, em algum tempo mais, darão surgimento a novas disposições mentais, agora democráticas, porque forjadas em experiências de participação, que tendem a substituir as outras, ainda muito presentes, nascidas e nutridas na nossa dolorosa "inexperiência democrática".

Em decorrência mesmo deste clima cultural novo, cada vez mais vem se agitando entre nós a necessidade de mudarmos de educação. De darmos novos rumos à nossa escola. De ajustarmo-la às condições de nosso acontecer histórico atual. E, na medida em que este clima nos envolve, se ressalta a inorganicidade de nossa educação e de nossa escola. E o angustiante problema do trânsito, de uma escola para a outra, continua. E é um dos aspectos desse trânsito que nos leva a debater o problema das escolas de formação de professor primário.

Escolas também inteiramente desvinculadas de nossa problemática. A importância desta discussão se encontra no papel que têm estas escolas naquele trânsito. Escolas, porém, como as primárias, superpostas à nossa atualidade a cujas marcantes notas não vêm correspondendo. Como as primárias, bacharelescas, verbosas, autoritárias, no sentido de que sua

---

entre dois mundos, nas p. 35 e 36, do "fenômeno da inércia" cultural, mercê de que se cristalizam e fixam concepções trabalhadas por mais de três séculos e meio de vida brasileira e, por outro lado, para o fenômeno da "demora cultural", que explica a modificação daquelas concepções "num ritmo desigual" ou sua evolução tão lenta que, "a não ser nas regiões mais industrializadas, não se percebem nitidamente as modificações operadas em diversos setores do universo do pensamento". Daí a nossa insistência em defender uma posição de organicidade de nosso processo educativo com relação à nossa realidade, somente como poderá acelerar essas mudanças, diminuindo as antinomias referidas.

posição é muito mais na linha da "assistencialização" de seus alunos-mestres, que na da dialogação com eles.

As disciplinas de formação pedagógica, preocupadas que deviam estar com o agir educativo, com a experiência do processo educativo, se perdem, ao contrário, em grande parte, nas digressões quase sempre acadêmicas. Pior, se perdem, não raro, na sonoridade da palavra.

Mais uma vez o nosso reencontro com as nossas matrizes onde nasceu e cresceu a tendência de nossa cultura fortemente palavresca, erradamente chamada, às vezes, de teórica.

Discussão objetiva de nossos problemas, partindo do conhecimento local dos mesmos, emaranhados nas texturas regional e nacional, de que surgisse uma intimidade do futuro mestre com as condições de vida em que se acha, isto, desgraçadamente, não há, em termos práticos. Aqui, em regra, se repete aquela nocionalização de aspectos de nossa realidade, vez ou outra, colocados nos programas, que ocorre nas escolas primárias. Desta maneira, dimensões de nossa realidade, que exigem do educando identificação com elas, para que delas tenha ele a sabedoria verdadeira, quedam distantes do estudante, esquematizadas. Delas assim ganha ele uma sabedoria apenas nocional.

A sociologia que os nossos alunos aspirantes a mestre estudam é, quase toda ela, uma "sociologia enlatada", na expressão um tanto rude, mas correta, do professor Guerreiro Ramos (1956, p. 80). Sociologia quase sempre de gabinete.[53] Quase sempre também preocupada com problemas de outros espaços, numa posição perigosamente alienada quando, realmente, após uma "convivência" com aspectos teóricos daquela ciência, o que se devia discutir com os nossos futuros professores primários era a problemática nacional. Era a análise de problemas regionais e locais. Eram os termos antinômicos de que vem a nossa atualidade se nutrindo. A industrialização. A emersão do povo na vida pública brasileira. A inexperiência democrática e as suas raízes culturais. O problema da consciência do homem nacional e as suas ligações com a

---

53. Orientação oposta a esta, que criticamos, do ensino de uma sociologia verbalista ou desvinculada da vida, foi a do mestre Gilberto Freyre, na Escola Normal de Pernambuco em 1929-30. Experiência que se pode considerar verdadeiro pioneirismo entre nós — a de suas alunas identificando-se com a realidade em estudo, e não dela tendo apenas conhecimento intelectualizado.

industrialização. A subestimação nacional e a alienação cultural. O nacionalismo e a autoapropriação nacional — autenticidade. Massificação. Assistencialização. Dialogação. A escola na atualidade brasileira — o seu papel democratizador. Estes, entre muitos outros problemas de nossa atualidade, deveriam vir sendo estudados, pesquisados e debatidos em nossas escolas de formação de professores.

O professor Guerreiro Ramos (1958) insiste na demonstração da necessidade de fazermos nossa "redução sociológica" e sugere como temas imediatos ou de estudos imediatos entre nós alguns dos acima apontados a que acrescenta outros de importância igualmente capital.

Numa sociedade industrial, ou em processo de industrialização, em que as escolas não podem isolar-se nas suas comunidades locais ou manter com outras agências relações apenas espontâneas, mas sistemáticas, os seus professores, em regra vêm se formando sem nenhuma experiência de como essas relações podem se fazer. No máximo, estão intelectualmente informados de como podem se fazer estas relações. Formam-se sem nenhuma sensibilidade pelos problemas concretos de seu meio imediato, de sua região, de seu país. Formam-se, pelo contrário, desenvolvendo o gosto da palavra vazia. Daí, mais tarde, a desconexão perigosa entre o que se aprende e o que se faz. Entre o que se aprende e aquilo a que se refere o que se aprendeu, tão comuns à nossa escola primária. O sol da classe de aula, de modo geral, não é o sol cá fora. É outro, inteiramente nocionalizado (Weil, 1954). A vida da classe é outra vida. "Encadernada" ou "vestida" de cores às vezes completamente diferentes das cores da outra. Da verdade, que está cá fora.

A ingerência dos estudantes nos destinos dessas escolas inexiste, em regra. A sua posição vem sendo a de passividade. No máximo, a de "algazarra". Nunca, ou quase nunca, a de quem tem "voz" (v. p. 64). Dificilmente se lançam em projetos de pesquisas. O seu contato com a realidade, não apenas de sua comunidade local, mas regional e nacional, se reduz, quando muito, a informações discursivas.

Vem faltando a esses estudantes, amanhã professores primários, a experiência do debate, da discussão em grupo, das soluções cooperativistas, substituída pela ênfase da posição dogmática do professor, que os atua passivamente.

É a essa postura que costumamos chamar de "assistencialização", pela demissão que sofre o educando do processo de sua educação. Mais uma vez o nosso processo educativo estrangulando a nossa democratização. A cultura nova ou o novo clima cultural caracterizando-se pela crescente recusa a posições quietistas de nosso povo e as nossas escolas de preparação do professor primário insistindo, de modo geral, nos procedimentos antidemocráticos, como se estivessem formando professores para uma sociedade rigidamente autoritária, e não para uma sociedade que se democratiza.

É preciso que se insista neste ponto. As novas condições culturais que foram inauguradas no país, com as alterações infraestruturais, queiram ou não queiram os retrógrados, estão alterando os quadros nacionais. Estão propiciando a emersão do povo na vida pública brasileira e pondo-o em posição participante.

Toda educação, pois, que não ajuda essa promoção, é inadequada, reacionária e perigosa. E perigosa precisamente porque, pressionada pela força das novas linhas culturais, exigindo cada vez maior ampliação das áreas de participação do homem brasileiro, pode entrar em colapso total e disto decorrer a distorção do seu comportamento, de formas verdadeiramente democráticas, para as do deboche. O que não deixa também de representar um compromisso à nossa promoção democrática.

Em vez desta educação, em grande parte antiquada e inadequada às condições de nossa atualidade, autoritária, os nossos futuros mestres, em qualquer escola normal do país, deviam estar sendo formados com alto senso de responsabilidade profissional. Identificados com sua tarefa. Cônscios de seu papel altamente formador. Convictos da urgência de sua ação numa sociedade em que se contradizem as forças democratizadoras emergentes, com velhos complexos culturais antidemocráticos.

Esta convicção, porém, como aquela consciência, dificilmente se forma em quem assume postura passiva. Em quem não é inserido num processo dialogal. Em quem não debate. Em quem não investiga. Em quem não discute livremente. Em quem não reelabora. Em quem não reinventa. E isto é exatamente o que ainda não fazemos. Em lugar da reinvenção, da reelaboração, os pontos ditados, a matéria "pré-fabricada", as afirmações estereotipadas. Em lugar dos contatos diretos com as fábricas, com as escolas de zonas burguesas e proletárias, os planos de aula academizados. Em lugar de uma visão tanto quanto possível ampla das várias e diferentes condições de escola, de aluno, de níveis os mais opostos, em que e com quem os futuros mestres atuarão, estágios quase sempre numa única unidade pedagógica. Em lugar de um pequeno número de matérias estudadas profundamente, como indica Whitehead (1955), muitas matérias estudadas superficialmente.

De modo geral, todo curso de preparação de nossos professores, como o de preparação de outros profissionais de nível até superior, vem sendo, em regra, bacharelesco. Verboso.

Desta forma, uma primeira revisão, e urgente, na programação e no procedimento dessas escolas de formação de nosso professor primário, seria a que identificasse seu currículo com a nossa atualidade. A que o fizesse sintonizar com aspectos mais gritantes desta atualidade, de que resultasse o esvaziamento de sua ênfase bacharelesca. E, em lugar dela, as oportunidades de convivência do aluno-mestre com o agir educativo aparecessem. Isto implicaria, na verdade, uma modificação radical na estrutura destas escolas de que surgisse um currículo plástico, em vez do ainda rígido currículo por matérias.[54]

Currículo plástico em que se verificasse inteligente redução das chamadas aulas teóricas, de modo geral verbalizadas, e crescente aumento de oportunidades para trabalhos de ordem prática.

Referindo-se à necessidade desses "trabalhos práticos, de pesquisa, estágios, frequência a bibliotecas" (Campos, 1958, p. 93) com que se dariam novas perspectivas a nossos alunos-mestres, afirma o professor Paulo de Almeida Campos: "Nesse sentido, é de toda conveniência que se reserve

---

54. Reconhecemos, é óbvio, a necessidade de diferenciação curricular entre escolas normais que sirvam a alunas de áreas econômica, política e culturalmente opostas. Não seria possível que uma escola normal de cidade sertaneja do Nordeste devesse ter as mesmas preocupações que outra, situada em Caxias do Sul. O que nos parece importante é que, em qualquer delas, o aluno-mestre deve receber verdadeira formação profissional. Deve ganhar a consciência de sua tarefa. Deve convencer-se da urgência de sua ação na sua comunidade local. "Mas terá o professor sido preparado para outro tipo de escola ou outro tipo de atividades docentes?" — refere-se a um tipo de escola que não seja a repetição rotineira da mesma lição, da memorização, do academicismo —, pergunta um dos mais atualizados educadores brasileiros de hoje, o professor Roberto Moreira.

"Não o cremos", responde, "porque conhecemos um certo número de nossas escolas normais. Elas habituam os candidatos ao magistério primário", continua, "a uma vida de rotina e de atividades mentais passivas. Todas as lições lhes são ministradas por processos orais, segundo um livro adotado ou por meio de apostilas e resumos de aulas. A experimentação e prática geralmente estão ausentes de suas atividades estudantis". E mais adiante: "Mas, para se atingir a escola primária, mediante um processo racional de formação do seu magistério, um longo período ainda há que transcorrer, dada a situação acadêmica e não funcional de nossas escolas normais" (Moreira, 1955, p. 172 e 216).

aos estágios a maior parte do tempo destinado aos estudos pedagógicos, pois a formação prática dos alunos-mestres constitui um dos aspectos essenciais da preparação profissional do magistério primário".

Será, precisamente, esta objetiva preparação profissional inadiável e mais — ajustada organicamente às condições gerais do país, sem o esquecimento das regionais e locais, onde agirá o mestre — que tirará as escolas de formação do professor primário aquele caráter que fez Fernando de Azevedo chamá-la em 1929 de "liceus para moças" (Azevedo, 1958c, p. 94).

Observe-se, mais uma vez, a conexão entre o procedimento "assistencializador" de nossas escolas normais, fugindo ao máximo do preparo profissional de seu aluno e deleitando-se com o verbalismo e o academicismo, e a mentalidade inflexivelmente antidemocrática.

Note-se como a esta mentalidade, inflexivelmente anti ou ademocrática, mais ajustadamente vem correspondendo, entre nós, às posturas de superposição à realidade. Às de distância dos fatos. Às de aversão à pesquisa. Às de repúdio, quase sistemático às tarefas mais técnicas, que se alongam às profissionais. Daí, talvez, o sentido não profissional destas escolas, transformadas, dolorosamente, em "liceus para moças". É que elas também estão envolvidas pela nossa "inexperiência democrática". Mareadas, igualmente, por um falso sentido aristocratizado do saber que, entre nós, de modo geral, parece ainda vir relegando a plano bastardo todo encontro do estudante com a sua realidade concreta. O que nos vem deleitando ainda, e contradizendo certas dimensões mais ostensivas de nossa atualidade, em processo de democratização, é o gosto da palavra. Da sabedoria nocional, de que estas escolas, geralmente, vêm se nutrindo e nutrindo seus alunos-mestres. Alunos-mestres sacrificados, na sua formação, pelo tipo de mentalidade mais rigidamente antidemocrática de nossa formação cultural, antinomicamente relacionada com a mais recente, que vem se formando entre nós — a plasticamente democrática.

O que nos parece importante aqui, como lá, com a escola primária, é aproveitarmos as forças deste novo clima cultural e pormos nossas escolas de formação do professor primário em relação de organicidade com aquelas forças. Só assim, evidentemente, estaremos formando professores para a nova escola de que precisamos.

Na análise da inorganicidade do nosso processo educativo, que vimos fazendo neste capítulo, não podemos deixar de nos referir a outras dimensões do ensino médio em geral e secundário em particular. Mais uma vez a ostensiva superposição de nosso agir educativo à realidade tempo-espacial em que nos situamos.

Esta superposição, manifestação da inorganicidade de todo o nosso trabalho educativo, só em algumas áreas excepcionalmente menos inorgânico, quando não orgânico, vem se revelando, no ensino secundário, na tendência que se acelera cada vez mais em fazer-se ele meio de seleção social ou de busca de *status* social.

O seu caráter seletivo, de que decorre diretamente o seu tom mais ornamental e florido, se explicaria sociologicamente nas condições de outra fase da cultura brasileira. Fase em que se destinasse ele "ao preparo das nossas diminutas classes de lazer e de mando, mando muito mais decorrente do 'prestígio' social dessas classes do que de sua competência, e por isto mesmo, fácil de ser exercido" — desta forma, "podia ser 'decorativo' e, ainda assim, atingir seus objetivos" (Teixeira, 1957, p. 40).

Corresponderia ele, então, ao clima cultural caracterizado pelas posições quietistas e meramente expectantes do povo, que não o procuraria nem poderia fazer qualquer que fosse o aspecto como se apresentasse.

Com a emersão do povo na vida pública do país, decorrente das modificações já analisadas por nós, se acelera dia a dia a mudança de suas posições — das expectantes para as participantes.

É precisamente esta crescente participação do povo no nosso processo histórico-social, característica da ampliação de sua consciência, que o está levando a todos os meios de que antes só as "nossas diminutas classes de lazer e de mando" lançavam mão para preservar o seu *status* social.

O ginásio seria apenas um mero "corredor", que levaria privilegiados às escolas superiores, sobretudo às de direito e às de medicina, de onde saíam, não raro, doutores "bacharelizados". A obtenção do título superior, mesmo ornamental, numa cultura a que faltaram experiências democráticas que tivessem implicado a dialogação popular, significava classificação social.

Ao povo, ora em emersão, lhe pareceu imperioso obter melhor "situação" social, e o caminho seria o que o levasse às faculdades. Daí a procura enorme do ginásio e sua proliferação, em desconexão mesmo com a matrícula e permanência nas últimas séries da escola primária — o que prova o desprestígio desta e o sentido altamente seletivo daquele.

É verdade que a grande maioria dos que procuram o ginásio não consegue chegar sequer a seu término.[55] Depois de apresentar o quadro que reproduzimos em nota, afirma o professor Ernesto Luiz de Oliveira Júnior: "Pode-se, portanto, afirmar que seis em cada grupo de sete alunos que se matriculam na 1ª série do curso ginasial ficarão pelo caminho, sem terminar seus estudos."

"Esses números são espantosos", continua o notável professor. "Como continuamos a insistir em um tipo de escola tão evidentemente divorciado da realidade brasileira?" (Oliveira Júnior, 1956, p. 16). Isto não invalida, porém, as afirmações anteriores, que se referem a posições fundadas numa atitude — a que caracteriza o ímpeto popular de promoção.

A solução não estará, na verdade, em se dificultar reacionariamente a ascensão do povo. Estará, antes, em se dar nova orientação ao sentido de "promoção". Em se mudarem os meios dessa promoção, ajustados a outra fase cultural e condicioná-los às notas da fase que vivemos.

Mais uma vez a inorganicidade de nosso processo educativo se manifesta, inclusive no disparate, muito bem analisado pelo professor Carlos Maciel (1957, p. 64), da programação de um ginásio para o país todo, sem a preocupação de ser ele ajustado a condições de espaços e também de tempos diversos.

Um ginásio academizado, bacharelesco, fabricando "doutores", sem nenhuma vinculação com a nossa ou as nossas realidades. Com uma programação nada flexível. Pelo contrário, rígida. Cheia de disciplinas. De línguas que não se aprendem, a não ser "oficialmente". Programas sem nenhuma ou quase sem nenhuma ligação objetiva com a realidade

---

55.

Ano de Ingresso	Ingressaram na 1ª série	A turma reduziu-se a	Rendimento
1942	56.910	11.301	19,8
1943	64.551	12.597	19,5
1944	72.645	14.436	19,8
1945	78.516	15.652	18,3
1946	85.825	15.898	15,8

brasileira. Ginásio, como as escolas primárias e normais, insulado. Sem contatos com outras unidades pedagógicas. Sem encontros com agências sociais da comunidade, diante de que é quase total estrangeiro.

A análise, mesmo superficial, do seu currículo revela, ainda uma vez, a presença vigorosa de um dos termos da antinomia fundamental de nossa atualidade. A presença de nossa "inexperiência democrática". Daí a verbosidade em que se perde ele, em quase toda a extensão do seu currículo reduzido a disciplinas de estudo, que se fazem intensamente palavrescas. Até aquelas cujo aprendizado exige experiências, constatações, se nocionalizam, quase sempre. No currículo, nada, ou quase nada, de atividades com que se propicie aos estudantes o desenvolvimento de sua criticidade. Em que lhes ofereçam oportunidades de participação. Em que discutam. Em que debatam. Em que pesquisem. Aí também as "ideias inertes" de Whitehead.

Para que estabeleça relações de identificação com o novo clima cultural do país é preciso que esse ginásio se desbacharelize. Que se faça vivo. Que se democratize. Que se faça plástico em seu currículo. Que deixe de ser exclusivamente o "corredor" para a universidade e seja também, e sobretudo, a agência de educação de nossa juventude. De sua integração a seu tempo e a seu espaço.

E se o novo tempo vem sendo cada vez mais caracteristicamente democrático, no sentido da amplitude da "dialogação" ou "parlamentarização" do homem brasileiro, não se justifica a continuação de um ginásio em choque com o seu tempo.

Uma das posições "ingênuas" que se pode assumir e, na verdade, vem se assumindo, é a de se multiplicarem os estabelecimentos de ensino secundário com a sua estrutura curricular atual. A que se acrescentem péssimas condições higiênico-pedagógicas, como a falta até de pessoal docente, em nome de maior democratização do ensino ou da cultura. E a "ingenuidade" está exatamente em que não há aí propriamente "democratização" do ensino ou da cultura, mas apenas ampliação de possibilidades de ensino seletivamente antidemocrático ao povo (Teixeira, 1957:40).

Estaria havendo verdadeira democratização do nosso ensino secundário se ele, inclusive, se pudesse fazer um instrumento de democratização — de maior "parlamentarização" do povo brasileiro. E isto é realmente o que não vem acontecendo. A estrutura curricular de nosso ginásio é uma contradição com as notas mais marcantes de nossa atualidade.

Parece-nos bem situada, neste sentido, a posição que o professor Carlos Maciel assume na análise que empreende das relações entre o nosso ensino médio em geral e o secundário em particular e a nossa realidade atual.

Após discutir uma série de ângulos revelados dos descompassos entre aquele ensino e a nossa sociedade em trânsito, sugere que "em vez de o ensino secundário (inautêntico por estar acima das possibilidades reais) representar o grosso do ensino médio, o que se deveria ter feito, o que se deve fazer, é incrementar a multiplicação de toda uma variedade de estabelecimentos de grau médio não secundário, funcionando o secundário apenas como uma franja de rede escolar" (Maciel, *op. cit.*, p. 64).

Esvaziado, porém, acrescentemos, de todo o seu verbalismo. Identificado com o nosso clima atual — o da crescente ampliação da mentalidade democrática.[56]

Ao lado desse verdadeiro ensino secundário, "funcionando como uma franja de rede escolar", a multiplicidade de "estabelecimentos de grau médio não secundário", identificados organicamente com as forças marcantes de nossa sociedade em processo de desenvolvimento, como ajustados, igualmente, às particularidades locais e regionais.

Entre esses vários estabelecimentos de grau médio não secundário e o verdadeiro secundário "seria preciso, concomitantemente, criar ou multiplicar diversas possibilidades de adaptação e complementação que estabelecem a comunicação entre os diversos ramos" (Maciel, *op. cit.*, p. 64).

Uma estrutura assim poderia dar orientação nova ao sentido da promoção popular. Poderia encaminhar o ímpeto de promoção popular para a linha da realidade brasileira. Poderia colocar o nosso ensino médio em geral e o secundário em particular em relação de organicidade com a nossa atualidade. Porque, na verdade, o que vem acontecendo com a maioria esmagadora dos que procuram o ginásio brasileiro para a sua afirmação social é uma dolorosa frustração. Não consegue "atravessá-lo" e atingir a universidade e nele nada ou quase nada encontra que lhe

---

56. "A solução urgente é, incontestavelmente, a diversificação do ensino secundário por que se batem os mais lúcidos administradores e estudiosos da educação. Em vez de uma função unicamente de seleção, é imperioso que a educação brasileira preencha uma função mais ampla, de distribuição dos adolescentes no sentido dos vários setores de atividades sociais e econômicas" (Silva, 1958, p. 2).

possibilite uma atividade prática na sua comunidade, com que se faça útil aos demais e com que se mantenha.

> ... como o atual ensino secundário brasileiro não tem em vista preparar para o exercício de uma profissão — afirma em seu excelente trabalho o professor Ernesto Luís de Oliveira Júnior — oitenta e cinco por cento dos alunos matriculados nesse grau de ensino estarão certamente desajustados quando tiverem de ganhar a vida (Oliveira Júnior, 1956).

Observe-se que profunda inadequacidade entre um ensino deste e a nossa realidade atual, de sociedade em processo de desenvolvimento. Em luta para a obtenção de mais altos níveis de vida que se devem alongar às suas populações, muitas delas intensamente subdesenvolvidas, envoltas em formas de "existência bruta" ou a-histórica. Populações "dobradas sobre si mesmas", na sugestiva expressão de Fernando Azevedo (1958, p. 34).

A educação de nossa juventude vem sendo uma chocante contradição com os mais legítimos anseios de nosso tempo.

Não vem trabalhando, realmente, para a formação, em bases positivas, do que poderemos considerar a frente interna do processo de nosso desenvolvimento econômico. Aquela que está a exigir a constituição urgente de nossos quadros técnicos, com que e só com que alcançaremos a produtividade indispensável ao nosso desenvolvimento. Na verdade, não é só de capitais que estamos necessitando, mas de pessoal habilitado, que diminua a perda de tempo na produção. De pessoal capaz de planejar. De projetar. De dirigir.

É importante, aliás, que nos defendamos de uma mentalidade que vem emprestando à máquina, em si, poderes mágicos. É uma posição "ingênua", que não chega a perceber que a máquina é apenas uma peça entre outras da civilização tecnológica em que vivemos. Para fazer girar as máquinas com eficiência e recolher delas o máximo de que são capazes, se faz necessária a presença do homem habilitado. Do homem preparado para o seu manejo. Não só para o seu manejo, mas também para o seu reparo. Ainda mais para fazer novas máquinas.

Na medida em que a máquina vem substituindo o homem nos trabalhos mais pesados, vem a civilização tecnológica exigindo dele maior grau de educação técnica e científica. Dele também exigindo maior amplitude de sua criticidade.

Fala-se muito, entre nós, em desenvolvimento econômico, em industrialização rápida das áreas menos desenvolvidas do país, mas, quase sempre, não se pensa na preparação, não só de técnicos dirigentes e dos médios, como da mão de obra qualificada. Mão de obra de que se precisa para o êxito de empreendimentos desta ordem. Não que devêssemos, na verdade, parar qualquer tentativa neste sentido, enquanto não dispuséssemos de técnicos e de pessoal habilitado em número suficiente. Mas já devíamos estar orientando a formação de técnicos de nível médio de acordo com as tendências ou a vocação industrial das áreas em ritmo de industrialização.

Mais uma vez voltamos a nos deparar com os nossos já referidos preconceitos contra trabalho manual, alongados aos técnicos, que vêm obstando, em grande parte, a sua formação entre nós.

Daí a necessidade que nos parece urgente de uma "ideologia" da educação técnica, ao mesmo tempo em que se fizessem as reformas necessárias e se preparassem as unidades para tal ensino.

Deste modo estaríamos identificando uma importante dimensão do nosso processo educativo com as nossas condições faseológicas atuais.

Este capítulo não poderia terminar sem tocarmos no nosso ensino do grau superior.

Aqui, também, teremos de focalizar o processo educativo à luz das forças que constituem a nossa atualidade.

Mais uma vez veremos como o nosso trabalho educativo não vem, em toda a sua extensão, respondendo aos sinais mais fortes de nossa atualidade.

Não vem, de modo geral, ajustando-se ao ímpeto de democratização que nos caracteriza, nem, por outro lado, ao surto de industrialização a que a democratização se liga.

Aqui, com a escola superior, continuamos a surpreender, em regra, a mesma superposição à nossa realidade, que vem caracterizando a nossa escola média, como a primária. Superposição que a faz igualmente academizada e bacharelesca.

Distante de nossos problemas, de que às vezes timidamente se aproxima, apaixonada por inócua, quando não comprometedora sabedoria nocional, seu grande e incontido gosto ainda é o da palavra. Vazia, muitas vezes, ou quase sempre. É o dos esquemas a que se pretende reduzir a realidade. É o das exclusivas preleções teóricas. O seu grande desdém é o dos contatos com os fatos.

Numa fase, como a que vivemos, envolvida pelo ritmo de desenvolvimento econômico, a exigir mais que a multiplicação de nossos técnicos e cientistas (v. Oliveira Júnior, *op. cit.*), é difícil surpreendermos as escolas formadoras desses técnicos identificando-os com a prática. De tal modo se exacerbam essas escolas em uma sabedoria desvinculada da experiência e da realidade, que já são os estudantes que passam a exigir, por meio, inclusive, de greves, que suas escolas lhes ofereçam oportunidades com que se identifiquem com o fazer de suas profissões.

Estes movimentos sugerem, aliás, uma consciência mais lúcida de nossa realidade em nossos estudantes, levando-os a apropriar-se de algumas das mais prementes necessidades de seu tempo.

A desvinculação de nossa escola superior com as necessidades de nosso tempo se faz igualmente com o clima de democratização que vivemos. Nada, ou quase nada, nessa escola, que amplie ou informe os impulsos de rebelião, característicos, de um lado, da própria juventude, e, de outro, reflexos do clima geral que envolve o país. Clima dos mais promissores, porque revelador da presença participante do povo nos acontecimentos de que já não vem querendo ser quieto assistente.

O que nos parece de incontestável importância é aproveitar esses impulsos de rebelião e transformá-los em "dialogação" ou "parlamentarização" do estudante com a direção da escola.

A dialogação acabaria com os dois mundos em que se vêm, às vezes, dividindo muitas dessas escolas — o dos mestres, o dos alunos. Mundos que não devem apenas se indulgenciar, mas se compreender e ajudar nos seus ângulos diferentes.

Seria, porém, sobretudo, a "dialogação" dos estudantes com a direção da escola, oportunidade magnífica para o aprendizado democrático, iniciado na escola primária e continuado na média.

Por isso mesmo é que, para nós, além de suas preocupações com a formação de profissionais capazes, como as de suas legítimas aspirações pela cultura e pela sabedoria desinteressadas e menos comprometidas, ela precisa se voltar para a identificação de nossa mocidade com aspectos mais gritantes de nossa atualidade.

Parece-nos indispensável, para qualquer universitário brasileiro de hoje, estudo, não só teórico, mas acompanhado da observação direta, de nossa realidade política em elaboração. De nossa realidade econômica. O debate de nossos problemas agudos.

Estudos e debates que fossem feitos através de disciplinas como a sociologia, cuja presença em todos os cursos universitários, como estudo geral ou especializado, nos parece de grande importância, e a teoria política.

Sociologia e teoria política, porém, nunca verbalizadas ou academizadas.

Um dos aspectos mais sérios de nossa atualidade, adverte-nos o sociólogo Florestan Fernandes, é a desvinculação entre o Estado brasileiro e a nação (Fernandes, 1954, p. 459-60), em alguns setores "vitais para a sobrevivência do Brasil como comunidade política".

É a superposição do Estado à nação que, por seu turno, num momento de consciência em elaboração, vem procurando conformá-lo à base de seus anseios presentes.

A grande tarefa de nosso agir educativo, repetimos, para concluir, está centralmente aí — em ajudar a nação brasileira a crescer nessa elaboração. Daí não ser possível uma revisão fragmentária desse agir, mas total, em relação de organicidade com as nossas atuais condições de vida.

CONCLUSÕES

Após o desenvolvimento de nosso trabalho, parece-nos lícito chegar às seguintes fundamentais conclusões:

A) Que, para ter força instrumental, para ser "agente de los cambios sociales", na expressão de Mannheim, é necessário ao processo educativo estabelecer relação de organicidade com a contextura da sociedade a que se aplica.

B) Que essa relação de organicidade implica um conhecimento crítico da realidade para que só assim possa ele se integrar com ela e não a ela se superpor.

C) Que sua superposição à realidade — causada quase sempre por transplantes a que falte "tratamento" de que decorra sua adequação à nova circunstância — o faz inautêntico e, por isso, inoperante.

D) Que a nossa atualidade apresenta uma cultura em elaboração — uma sociedade em trânsito:

    I — DE uma economia de caráter complementar, comandada pelo comércio exterior.

    II — PARA uma economia de mercado, com predomínio de um capitalismo florescente.

    III — DE formas rigidamente antidemocráticas.

    IV — PARA formas plasticamente democráticas, em antinomia umas com as outras.

E) Que a antinomia fundamental de nossa atualidade representa exatamente aqueles dois climas: o da economia de caráter complementar, em que se inseriam formas rigidamente antidemocráticas; o da economia de mercado, com o surto de industrialização do país, em que se vêm inserindo formas plasticamente democráticas.

O primeiro clima é o da nossa "inexperiência democrática".

O segundo é o da "emersão do povo na vida pública brasileira".

F) Que, na medida em que se acelera o ritmo de industrialização do país, a emersão do seu povo se faz mais vigorosa e ele passa de posições meramente expectantes para posições participantes. De uma consciência intransitiva para transitivo-ingênua.

G) Que a transitividade ingênua precisa ser promovida pela educação à crítica, a qual, fundando-se na razão, não deve significar uma posição racionalista, mas uma abertura do homem, através de que, mais lucidamente, veja seus problemas. Posição que implica a libertação do homem de suas limitações, pela consciência dessas limitações.

H) Que a não promoção da ingenuidade para a criticidade implica uma distorção daquela a formas desumanizadas, que levam o homem a posições mágicas e míticas, comprometedoras da mentalidade democrática, por sua vez permeável e plástica.

I) Que o novo clima cultural, em elaboração, exige intensamente o exercício da participação e da decisão do homem nacional no nosso acontecer histórico, razão por que se faz necessária uma planificação democrática em que haja lugar para vasto trabalho de educação extraescolar, dirigida no sentido da democracia.

J) Que o processo educativo brasileiro vem sendo uma superposição à nossa atualidade, porque:

    I — Não atende a essa transição de formas econômicas, que requer toda uma revisão do agir educativo, agora devendo endereçar-se no sentido da formação de técnicos dos vários níveis, como de mão de obra qualificada.

    II — Não atende à necessidade imperiosa de identificar o homem brasileiro com o ritmo de democratização política e cultural, criando-lhe disposições mentais democráticas, com que supere nossa ostensiva "inexperiência democrática". O seu verbalismo, o seu sentido seletivo e florido são contradições e obstáculos às forças democráticas em emersão.

K) Que, finalmente, a revisão de nosso processo educativo não pode ser parcial porque é todo ele que está inadequado e é todo ele, em conjunto, em bloco, que a cultura em elaboração precisa.

ANEXO I

Referimo-nos a uma experiência que realizamos na zona paroquial de Casa Amarela,[57] no Recife, com sete unidades pedagógicas.

Interessou-nos, na experiência em apreço, fundada, em parte, nos resultados positivos obtidos em nossos trabalhos no Sesi:

A) Despertar as escolas situadas na órbita do experimento para os acontecimentos de sua comunidade local, estabelecendo entre elas e as agências da mesma comunidade relações cada vez mais íntimas de que resultasse a sua integração com a vida comunitária.

B) Despertar nelas a consciência da necessidade de um trabalho conjunto, de tal forma que as dificuldades de uma unidade pedagógica fossem conhecidas e estudadas por todas. As suas relações assim passariam a ser sistemáticas e não espontâneas, como infelizmente de modo geral o são entre nós. Esta "intimidade" com a análise de seus problemas iria desenvolvendo nelas, cada vez mais, uma consciência crítica de sua posição e de sua tarefa no seu contexto.

C) Melhorar, por isso mesmo e para tal fim, os padrões culturais e técnicos do pessoal docente, preparando-o para a nova posição da escola. Nova posição da escola que exigia igualmente preparação do pessoal administrativo.

D) Promover todos os meios por que se estabelecesse intimidade entre escolas e famílias, no sentido de oferecer a estas crescente ingerência nos destinos daquelas. Desta ingerência resultaria aprendizado existencial da democracia, pela substituição de velhos e culturológicos hábitos de passividade por novos hábitos de participação e autogoverno, em relação de organicidade com o novo clima cultural em elaboração que vivemos.

E) Promover, em decorrência da identificação da escola com a comunidade, melhores meios de assistência ao aluno.

F) Tentar a promoção de alguma ou algumas das principais unidades pedagógicas da órbita da experiência em centros de comunidade, de que as demais passariam a ser "satélites".

---

57. A escola em que funciona a associação referida é a Escola de Especialização Ageu Magalhães — Estrada do Arraial, 3208, Casa Amarela, Recife.

G) Estimular as famílias, em intimidade com as escolas, a criar associação sua, funcionando na própria sede de cada escola. Grande parte dos problemas considerados de solução exclusiva da escola passariam a ser de solução comum — da escola e das famílias, representadas democraticamente por sua associação.

H) Sugerir que essas associações se preocupassem, gradativamente, com a vida comunitária, o que forçosamente as levaria a contatos com outros "grupos", com agências sociais da localidade e com o Poder Público.

Após a criação em cada unidade pedagógica de uma associação das famílias, tentar agregá-las em federação, através de que seria possível uma cada vez maior "parlamentarização" de seus associados.

As técnicas de que mais lançamos mão na experiência referida foram:

A CONVERSA

O GRUPO DE ESTUDO

O GRUPO DE AÇÃO

O FÓRUM

O GRUPO DE DEBATE

A CARTA TEMÁRIO.

Deixamos o trabalho, por motivos superiores, quando conseguíamos ver nascer a primeira associação, hoje ainda viva e atuante.

A experiência, que foi originariamente paroquial, contou com a colaboração, além do pessoal docente e dirigente das escolas, de uma aluna concluinte da escola de Serviço Social, senhorita Teresa Duarte, da Secretaria de Educação e Cultura do Estado e do padre Teobaldo Rocha, vigário da Paróquia do Arraial, em Casa Amarela.

Não tememos afirmar que experiências desta ordem, se resultantes de projeto que conte com a participação de centros de pesquisas sociais e educacionais, com a colaboração de órgãos técnicos estaduais, federais e municipais, e com a colaboração da Universidade, se fariam positivas em toda a sua extensão.

ANEXO II
GRÁFICO QUE REPRESENTA O "MOVIMENTO" DA CONSCIÊNCIA INTRANSITIVA PARA TRANSITIVO-INGÊNUA, PARA A CRÍTICA E A "FANATIZADA".

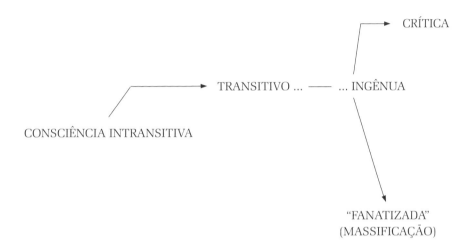

Referências bibliográficas

OBRAS CITADAS NO TEXTO

ANTONIL, João André. *Cultura e opulência do Brasil*. Salvador: Progresso, 1950.

AZEVEDO, Fernando. *A educação entre dois mundos*. 2. ed. São Paulo: Melhoramentos, 1958a.

_____. *A cultura brasileira*. 3. ed. São Paulo: Melhoramentos, 1958b. 3 v.

AZEVEDO, João Lúcio. *Épocas de Portugal econômico*: esboço de história. 2. ed. Lisboa: Clássica, 1947.

BARBU, Zevedei. *Democracy and dictatorship*: their psycology and patterns of life. Londres: Routledge Kegan-Paul Ltd., 1956.

BERLINCK, E. L. *Fatores adversos na formação brasileira*. 2. ed. São Paulo: Ipsis s/d.

BINZER, Ina Von. *Alegrias e tristezas de uma educação alemã no Brasil*. São Paulo: Anhembi, 1956.

CAMPOS, Paulo de Almeida. Parecer ao projeto de organização do ensino normal da Bahia. *Revista de Estudos Pedagógicos*, Rio de Janeiro: Inep, v. XXIX, n. 70, 1958.

CORBISIER, Roland. Situação e alternativas da cultura brasileira. In: _____. *Introdução aos problemas do Brasil*. Rio de Janeiro: Iseb, 1956.

DÉNIS, Fernando. *O Brasil*.[58]

---

58. Não havia outros elementos desta referência bibliográfica registrados no original.

DRUCKER, Peter F. *La nueva sociedad*: anatomía del orden industrial. Buenos Aires: Sudamericana, 1954.

FARIA, Anacleto de Oliveira. *Democracia humana*. Rio de Janeiro: José Olímpio, 1958.

FERNANDES, Florestan. Existe uma "crise da democracia" no Brasil? *Anhembi*, ano IV, v. XVI, n. 48, nov. 1954.

FREYRE, Gilberto. *Casa grande e senzala*. 8. ed. Rio de Janeiro: s/ed., 1954. 3 v.

_____. *Sobrados e mucambos*. 2. ed. Rio de Janeiro: José Olympio, 1951. 3 v.

HOPKINS, L. Thomas. *Interaction, the democratic process*. Boston, D.C.: Heath and Company, 1941.

HUXLEY, Aldous. *El fin y los medios*. 2. ed. Buenos Aires: Sudamericana, 1944.

IRIBARNE, Manuel Fraga et al. *La educación en una sociedad de masas*. Madri: Cultura Hispânica, 1954.

JAGUARIBE, Hélio. *Condições institucionais do desenvolvimento*. Rio de Janeiro: Iseb, 1957.

JONHSON, E. S. *Theory and practise of social studies*. Nova York: Macmillan, 1956.

JUREMA, Aderbal. Problemas de política objetiva: caminhos de planificação. *Jornal do Comércio*, Recife, 30 dez. 1958.

LAUWERYS, J. A. *The enterprise of education*. Londres: Ampersand, 1955.

LIVINGSTONE, Richard. *Some thoughts on university education*. Londres: Cambridge University, 1948.

LUCCOCK, John. *Notas sobre o Rio de Janeiro e partes meridionais do Brasil*. 2. ed. São Paulo: Martins, 1951.

MACIEL, Carlos Frederico. *Problemas do ensino secundário*. Recife: Centro de Ação Política, Instituto Pernambucano de Estudos Pedagógicos, 1957.

MACIEL, Paulo Frederico. *Um informe sobre alguns problemas do Nordeste*. Recife: Instituto Joaquim Nabuco de Pesquisas Sociais, 1956.

MANNHEIM, Karl. *Diagnóstico de nuestro tiempo*. 2. ed. México: Fondo de Cultura Económica, 1946.

_____. *Liberdad, poder y planificación democrática*. México: Fondo de Cultura Económica, 1953.

MANTOVANI, Juan. *La crise de la educación*. Buenos Aires: Columba, 1957.

MARCEL, Gabriel. *Los hombres contra lo humano*. Buenos Aires: Libreria Hachette, 1955.

MARITAIN, Jacques. *La educación en este momento crucial*. Buenos Aires: Desclée de Brouwer, 1950.

MENEZES, Djacir. Estrutura social do Brasil. In: *Introdução aos problemas do Brasil*. Rio de Janeiro: Iseb, 1956.

MOREIRA, Roberto. *Introdução ao estudo do currículo da escola primária*. Rio de Janeiro: Inep, 1955.

NÓBREGA, Manuel. *Cartas do Brasil e mais escritos*. Coimbra: Universidade de Coimbra, 1955.

OLIVEIRA JÚNIOR, Ernesto Luiz. *Doze ensaios sobre educação e tecnologia*. Rio de Janeiro: Capes, 1956.

PINTO, Álvaro Vieira. *Ideologia e desenvolvimento nacional*. Rio de Janeiro: Iseb, 1956.

PRADO JÚNIOR, Caio. *Evolução política do Brasil e outros estudos*. São Paulo: Brasiliense, 1953.

_____. *História econômica do Brasil*. 4. ed. São Paulo: Brasiliense, 1956.

RAMOS, Guerreiro. *Condições sociais do poder nacional*. Rio de Janeiro: Iseb, 1957.

_____. A problemática da realidade brasileira. In: *Introdução aos problemas do Brasil*. Rio de Janeiro: Iseb, 1956.

_____. *A redução sociológica*: introdução ao estudo da razão sociológica. Rio de Janeiro: Iseb, 1958.

RECASENS SICHES, Luís. *Tratado general de sociología*. México: Porrua, 1956.

RELATÓRIO final da Comissão de Educação e Cultura do Conselho do Desenvolvimento para estudar e estabelecer as metas de educação para o desenvolvimento. Rio de Janeiro: Educação para o Desenvolvimento (Documento n. 20).

_____. *Análise do esforço financeiro do poder público com a educação (1948-1956)*. Anexo ao relatório citado acima (Conselho do Desenvolvimento).

RIOS, José Artur. *A educação dos grupos*. Rio de Janeiro: Serviço Nacional de Educação Sanitária — Serviço Especial de Saúde Pública do Ministério da Saúde, 1954.

RUGENDAS, João Maurício. *Viagem pitoresca através do Brasil*. 5. ed. São Paulo: Martins, 1954.

SAINT-HILAIRE, Auguste. *Viagem à província de São Paulo*. 2. ed. São Paulo: Martins, 1945.

SILVA, Geraldo Bastos. *Possibilidades e perspectivas da educação secundária de adultos em face dos exames do art. 91 e da Lei de equivalência dos cursos médios*. Trabalho mimeografado apresentado ao II Congresso Nacional de Educação de Adultos. Rio de Janeiro, 1958.

SODRÉ, Nelson Werneck. *As classes sociais no Brasil*. Rio de Janeiro: Iseb, 1957.

TEIXEIRA, Anísio. *A educação e a crise brasileira*. São Paulo: Editora Nacional, 1956.

_____. *Educação não é privilégio*. Rio de Janeiro: José Olympio, 1957.

_____. A escola brasileira e a estabilidade social. *Revista de Estudos Pedagógicos*, Rio de Janeiro: Inep, v. XXVIII, n. 67.

TOCQUEVILLE, Alexis. *La democracia en América*. México: Fondo de Cultura Económica, 1957.

VIANA, Oliveira. *Instituições políticas brasileiras*. 2. ed. Rio de Janeiro: José Olympio, 1955. 2 v.

_____. *Problemas de organização e problemas de direção*. Rio de Janeiro: José Olympio, 1950.

WEILL, Simone. *Raices del existir*. Buenos Aires: Sudamericana — Semed, 1954.

WHITEHEAD, A. N. *The aims of education*. 3. imp. Londres: Williams and Norgate, 1955.

OUTRAS OBRAS CONSULTADAS

AZEVEDO, Fernando. *Novos caminhos e novos fins*. 3. ed. São Paulo: Melhoramentos, 1958.

BELLO, José Maria. *História da república*. 3. ed. rev. São Paulo: Nacional, 1956.

CALDEIRA, Clovis. *Mutirão*: formas de ajuda mútua no meio rural. São Paulo: Nacional, 1956.

CAMPOS, Roberto. Cultura e desenvolvimento. In: *Introdução aos problemas do Brasil*. Rio de Janeiro: Iseb, 1956.

CAVALCANTI, Temístocles. Condições institucionais do desenvolvimento. In: *Introdução aos problemas do Brasil*. Rio de Janeiro: Iseb, 1956.

COOK, Lloyd Allen. *Community action and the school*. Ohio: The State University-College of Education, 1941.

DEWEY, John. *Democracia e educação*. São Paulo: Nacional, 1936.

DOTTRENS, Roberto. *Hay que cambiar de educación*. Buenos Aires: Kapelusz, 1953.

DUVERGER, Maurice. *Los partidos políticos*. México: Fondo de Cultura Económica, 1957.

FIELD, G. C. *Political theory*. Londres: Mattuen, 1956.

GRAHAM, Maria. *Diário de uma viagem ao Brasil e de uma estada nesse país durante parte dos anos de 1821, 1822 e 1823*. São Paulo: Nacional, 1956.

GRINNELL, J. E. et al. *The school and the community*. Nova York: The Ronald Press Co., 1955.

HOOK, Sidney. *Education for modern man*. 6. ed. Nova York: The Dial Press, 1956.

KIDER, Daniel. *Reminiscências de viagens e permanências no Brasil*: Rio de Janeiro e Província de São Paulo. São Paulo: Martins, 1951.

_____. *Reminiscências de viagens e permanência no Brasil*: Províncias do Norte. São Paulo: Martins, 1951.

KILPATRICK, W. H. *Educação para uma civilização em mudança*. 2. ed. São Paulo: Melhoramentos, s/d.

LASKI, Harold J. *La crisis de la democracia*. Buenos Aires: Siglo XX, 1950.

_____. *Introdución a la política*. Buenos Aires: Siglo XX, 1957.

MAN, Henri de. *La era de las masas y el declinar de la civilización*. Buenos Aires: Freenland, 1954.

MANNHEIM, Karl. *Ensayos de sociología de la cultura*. Madri: Aguilar, 1957.

_____. *Libertad y planificación social*. 2. ed. México: Fondo de Cultura Económica, 1946.

OLSEN, Edward G. *La escuela y la comunidad*. s/l., Hispano-americana, 1951.

QUINTAS, Amaro. *Humanização e massificação*. Recife: Imprensa Oficial de Pernambuco, s/d.

REISSIG, Luís. *La era tecnológica y la educación*. Buenos Aires: Losada, 1958.

REIWALD, Paul. *De l'esprit des masses*: Traité de psychologie collective. Paris: Deladraux et Niestlé, 1949.

ROPKE, Wilheim. *La crisis social de nuestro tiempo*. 2. ed. Madri: Revista de Occidente, 1956.

SODRÉ, Nelson Werneck. Estudo histórico-sociológico da cultura brasileira. In: *Introdução aos problemas do Brasil*. Rio de Janeiro: Iseb, 1956.

STURZO, Luigi. *Fundamentos de la democracia*. Buenos Aires: Ed. del Atlantico, 1957.